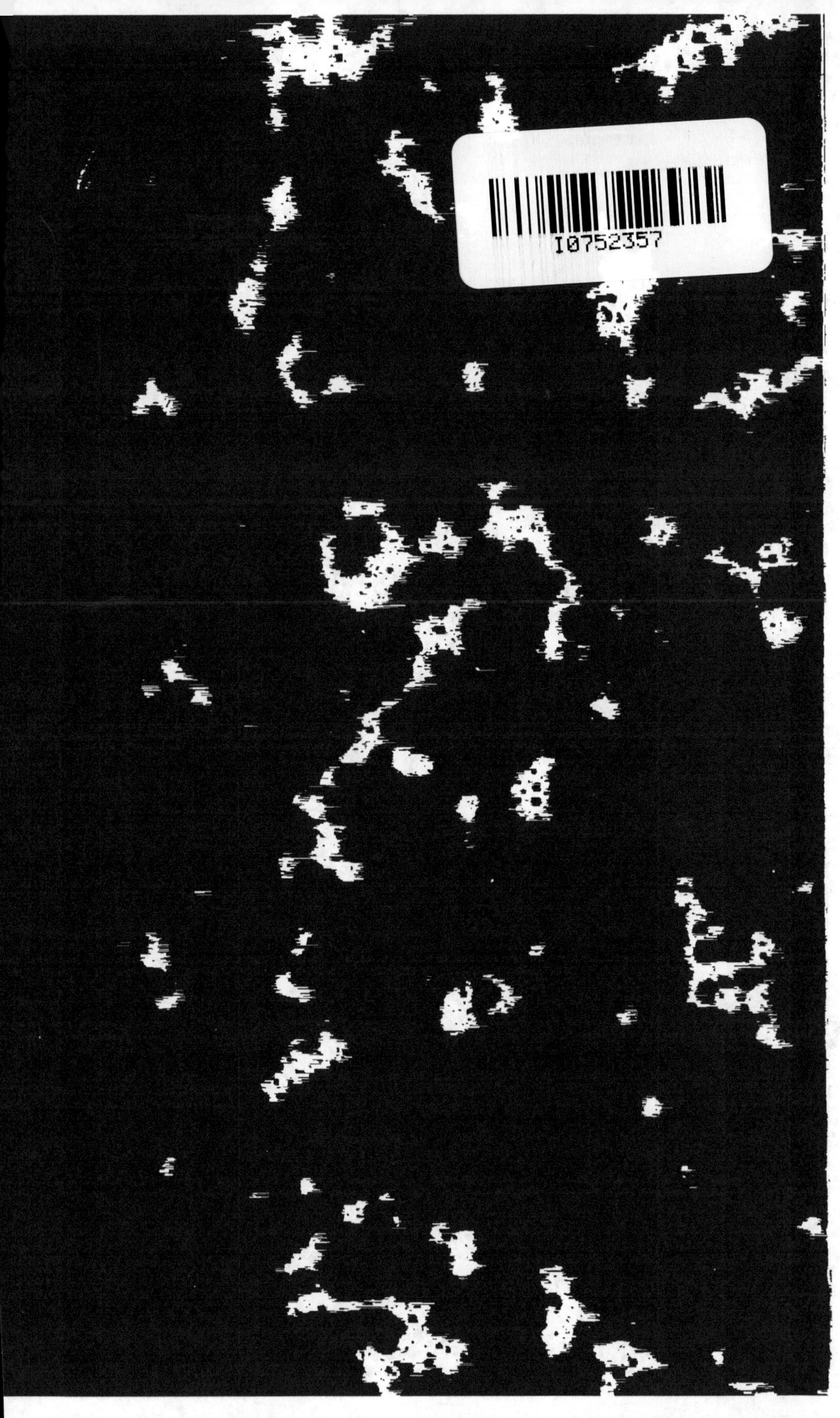
I0752357

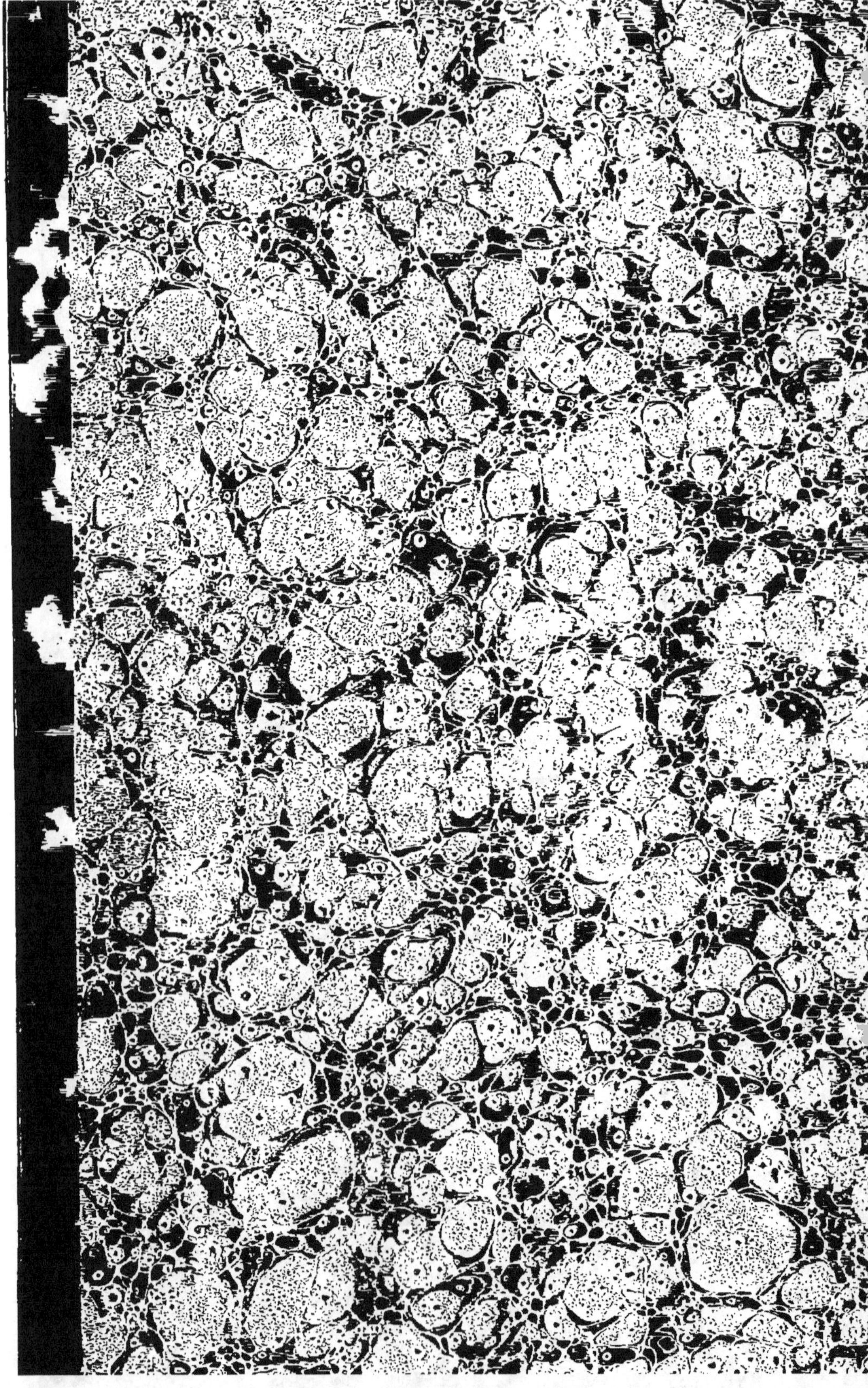

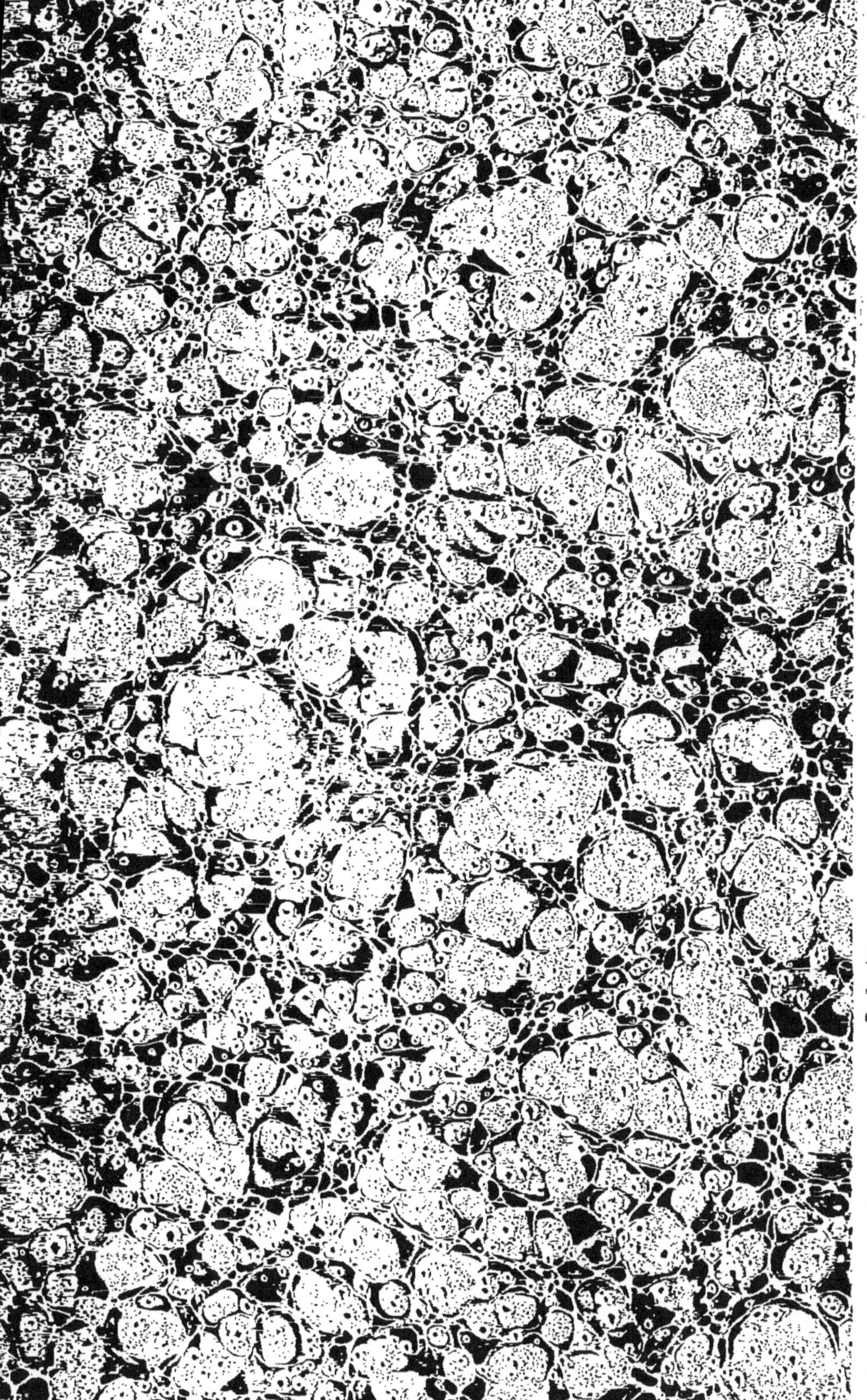

# BIBLIOTHÈQUE

D'UNE

# MAISON DE CAMPAGNE.

TOME LIII.

SIXIÈME LIVRAISON.

LE DOYEN DE KILLERINE.

IMPRIMERIE DE LEBÈGUE.

# LE DOYEN DE KILLERINE,

## HISTOIRE MORALE,

COMPOSÉE SUR LES MÉMOIRES D'UNE ILLUSTRE FAMILLE D'IRLANDE,

ET ORNÉE

DE TOUT CE QUI PEUT RENDRE UNE LECTURE UTILE ET AGRÉABLE.

PAR L'ABBÉ PRÉVOST.



TOME PREMIER.

A PARIS,

CHEZ LEBÉGUE, IMPRIMEUR-LIBRAIRE,

RUE DES RATS, N° 14, PRÈS LA PLACE MAUBERT.

1821.

# AVANT-PROPOS.

---

Ceux qui entreprennent d'écrire l'Histoire générale ou particulière, prennent communément la plume par l'un de ces trois motifs : ou pour se faire un nom, en offrant au Public un récit digne de son attention, et capable, par conséquent, de faire estimer l'auteur aussi long-temps qu'on aura quelque estime pour l'ouvrage : ou par quelque vue d'intérêt propre, qui leur fait souhaiter que certains faits obscurs ou équivoques auxquels ils ont eu part, soient expliqués dans un sens honorable pour eux-mêmes et pour leur parti : ou bien enfin pour satisfaire quelque ressentiment de haine, s'ils ont de fortes raisons de haïr quelqu'un ; d'envie, s'ils voyent la fortune et la réputation d'autrui d'un œil jaloux ; de malignité naturelle, s'ils sont de ce malheureux caractère qui fait trouver du plaisir à médire, et qui porte certaines gens à répandre continuellement le poison de leur cœur par les deux organes dangereux de la langue et de la plume.

Il est clair que de ces trois sources, il y en a deux dont il ne faut attendre ni la fidélité ni le désintéressement qui conviennent à l'histoire ; car la vérité n'a point d'ennemis plus à craindre que les passions déréglées et les intérêts personnels. Pour la première, quoiqu'elle paraisse moins suspecte, parce qu'il est vrai en général que l'amour de la gloire est un aiguillon noble, qui peut agir sur l'ame d'un écrivain comme sur celle d'un héros, et les exciter, chacun dans leur carrière, à ne rien faire qui déshonore un si beau motif; je ne sais néanmoins si cette ardeur même de mériter les suffrages du Public, ne doit pas faire craindre qu'un historien qui ne se propose point d'autre but, ne s'écarte encore du chemin droit de la vérité. Comme la vérité simple ne plaît pas toujours, il n'est pas aisé, quand on veut toujours plaire, de se contenir dans des bornes aussi étroites que les siennes. On la déguise du moins, si l'on n'est pas capable de l'altérer; on l'orne trop; on lui prête de l'agrément; et, ce qui n'est que plus pernicieux pour elle, ce déguisement se fait avec d'autant plus d'art, que pour le dessein qu'on a de plaire, on sait qu'il faut lui conserver certaines apparences de sincérité, sans lesquelles ce serait bientôt fait de son crédit. Ainsi cette manière de la détruire, qui est la plus subtile, est, dans le fond, la plus dangereuse.

Il suit de-là que nous aurions peu d'histoires fidèles, s'il n'y avait absolument que ces trois motifs qui pussent faire prendre la plume aux historiens. Mais je n'en ai pas nommé un, qui est infiniment plus relevé que le plus noble des trois autres, et qui est sans doute le seul capable d'élever un historien à ce degré de perfection qui le ferait regarder comme un modèle. C'est *l'envie de se rendre utile*. Tout est si bien renfermé dans ces trois mots, qu'ils n'ont pas besoin d'autre explication pour ceux qui les comprennent.

Oserai-je dire, après cela, que ce motif est ici le mien; et ne m'accusera-t-on pas, dès mon exorde, d'aspirer à une perfection qui surpasse mes forces? Je réponds qu'en attribuant tant de vertu à l'envie de se rendre utile, je lui suppose pour fondement toutes les qualites naturelles et acquises, qui sont nécessaires d'ailleurs pour former un bon écrivain; et, malheureusement, ce ne sont pas celles dont je suis le mieux partagé. Il est donc vrai qu'avec des idées assez justes de ce qui serait nécessaire pour la perfection de l'ouvrage que j'entreprends, mes talens sont au-dessous de mon projet. Mais le motif qui me le fait entreprendre est tel du moins que je l'ai dit; et je suis si persuadé qu'il est propre à former de bons historiens, lorsqu'il se trouve soutenu des qualités qui me manquent, que je le crois même capable de suppléer à la médiocrité des miennes. S'il ne me communique point la beauté de l'imagination, qui est un présent de la nature, et les grâces du style, qui sont ordinairement des effets de l'art, il me rendra sincère dans mon récit, modeste dans mes expressions, et non-seulement sage et raisonnable, mais solidement chrétien dans les principes de ma morale; il m'empêchera d'approuver ou de flatter le vice, dans les personnes même qui m'ont été les plus chères; et il me fera tourner les événemens les plus profanes à l'instruction de la jeunesse, à l'édification de tous les âges et de toutes les conditions, et, par conséquent, à l'honneur du Ciel et à l'avantage de la société humaine.

---

# LE DOYEN DE KILLERINE.

## LIVRE PREMIER.

C'est moins mon histoire que je donne au public, que celle de mes deux frères et de ma sœur. J'étais parvenu à l'âge de quarante ans, et la profession que j'avais embrassée, semblait me promettre autant de tranquillité pour le reste de ma vie, que j'en avais goûté jusqu'alors. Un bénéfice ecclésiastique d'un revenu médiocre, une demeure commode, un tour d'esprit et d'inclinations qui me faisait goûter les devoirs de mon emploi, beaucoup d'amour pour la retraite et pour l'étude, tels étaient les fondemens de ma fortune et de mon repos; et comme c'était par choix que je m'étais déterminé à ce genre de vie, il n'y avait pas d'apparence que je pusse me lasser d'une condition dont j'étais si satisfait.

La nature m'avait accordé un avantage que j'avais négligé volontairement : j'étais l'aîné de ma famille ; mais je ne cacherai point les raisons qui m'avaient fait renoncer à cette qualité, et dont le Ciel s'était servi heureusement pour m'inspirer de bonne heure la haine du monde et le goût de la solitude. J'avais apporté en naissant trois infirmités, dont tous les soins et les remèdes de l'art n'avaient pu me délivrer. Mes jambes étaient crochues, quoique fermes d'ailleurs, et de longueur assez égales pour ne pas m'empêcher de marcher droit. J'étais bossu avec cela par devant et par derrière ; et pour comble de disgrâce, j'avais le visage défiguré par deux verrues, qui étaient plantées régulièrement au-dessus de mes yeux, et qui s'avançaient sur mon front avec l'apparence de deux cornes. Ajouté que j'avais la tête fort grosse, la taille pleine, mais ramassée, et extrêmement courte. Enfin toute ma figure semblait être une vocation marquée pour un autre état que le monde, où la raillerie épargne beaucoup moins les imperfections du corps que les vices et les déréglemens de l'ame.

Je m'étais donc rendu justice dès le premier moment que j'avais commencé à me connaître, et j'avais eu du moins cette satisfaction en formant le dessein de renoncer au monde, que mes désirs, s'accordant avec la nécessité, je n'avais point eu de violence à me faire pour m'y soumettre. Cependant ma mère étant morte en me donnant la naissance, mon père se trouva si peu d'inclination pour un second mariage, que cette raison l'empêcha longtemps de m'accorder la liberté d'entrer dans l'état ecclésiastique. Il m'aimait, quoiqu'il eût besoin de toute l'indulgence paternelle pour me trouver aimable. Il tâchait de diminuer la mauvaise opinion que j'avais de moi-même, en me répétant souvent que l'esprit et le jugement, dont il m'assurait que j'étais mieux partagé qu'on ne l'est communément au même âge, suppléraient aux avantages que la nature m'avait refusés ; et lorsque j'insistais sur l'excès de ma difformité, il me répondait en riant que son dessein était de me marier de bonne heure, afin que je pusse lui donner des petits-fils moins laids que moi. En effet, lorsque j'eus atteint ma seizième année, il me chercha une épouse, sans m'avertir des soins qu'il prenait pour cela ; il en trouva une, la plus belle peut-être qui fût dans la province, et continuant de me laisser ignorer sa résolution, il me conduisit un jour chez elle. Je vis une personne charmante. Mais ce qui paraîtra surprenant après le portrait que j'ai fait de moi-même, je lui trouvai autant de complaisance et de civilité pour moi, que j'en eusse pu souhaiter si j'eusse senti de la tendresse pour elle, et si j'eusse mérité la sienne.

L'ambition produisait dans son cœur le même effet que l'amour. Elle était d'une naissance inférieure à la mienne ; et mon père l'ayant prévenue sur le dessein de notre visite elle faisait moins d'attention à mes qualités personnelles, qu'au titre de comtesse qu'elle se flattait de porter en devenant mon épouse. Notre maison, quoiqu'extrêmement déchue de son ancienne splendeur, tenait encore un des premiers rangs dans le comté d'Antrim. Nous faisons remonter notre origine jusqu'à ce fameux Donewald O Neal, qui avait régné autrefois dans cette partie de l'Irlande que nous nommons *Cui Guilly*, et que les Anglais apellent *Ulster*. A la vérité, tout avait changé de face depuis que Cromwel et Ireton avaient achevé de réduire notre malheureuse patrie à l'esclavage ; et la rigueur du joug s'étendant indifféremment sur les nobles et sur le peuple, il y avait peu de familles qui ne se ressentissent de la misère publique. Ajoutez que la nôtre étant demeurée fidelle à l'ancienne religion, c'était un autre obstacle, qui avait fait perdre à mon père tous les avantages qu'il aurait pu tirer de sa naissance, et qui semblait ôter de même toute espérance de fortune à ses descendans. Cependant nous ne laissions pas de conserver un reste de distinction dans le pays; et nous nous consolions de l'abaissement où nous tenaient les Anglais, par la considération que nous trouvions encore parmi nos compatriotes. Notre bien même, dont nous avions perdu la meilleure partie dans les dernières guerres, suffisait encore pour nous fournir un entretien honorable, en comparaison du moins des autres nobles de la province, qui avaient été presqu'entièrement dépouillés par l'avarice et la cruauté de nos vainqueurs.

Mon père ayant remarqué avec plaisir que ma difformité ne rebutait point celle qu'il me destinait pour épouse, crut le succès de son dessein infaillible, parce qu'il ne put s'imaginer que les difficultés vinssent de ma résistance. Je ne sais comment il arriva effectivement que je demeurai insensible à tant de charmes; car, malgré le fond de mon humeur, quiétait, naturellement sérieuse, j'ai toujours eu le cœur susceptible de tendresse et d'amitié: mais j'étais glacé apparemment par la forte impression que mes propres défauts faisaient sur moi ; ou plutôt le Ciel, qui m'appelait d'un autre côté, veillait lui-même sur mes sens pour les empêcher de s'amollir. Quoiqu'il en soit, rien ne peut égaler la surprise où je vis mon père, lorsque m'ayant découvert ses vues à la sortie de cette maison, il m'entendit rejeter toutes ses offres, et protester que ma résolution était de vivre dans le célibat. En vain renouvela-t-il ses instances et même ses ordres. Tout ce qu'il put obtenir de mon obéissance, fut de l'accompagner dans quelques autres visites qu'il rendit au même lieu. J'y fus reçu avec le même air de satisfaction, et mes intentions paraissant assez expliquées par celles de mon père, on continua de me traiter avec une bonté qui rendait la tentation fort dangereuse. Cependant, au milieu même du péril, et dans le moment peut-être qu'il était le plus pressant, puisque je me trouvais seul avec la belle personne qui le causait, je formai un dessein des plus extraordinaires, et dont le succès me fit reconnaître que j'avais l'obligation au Ciel de me l'avoir inspiré.

A l'occasion de quelques questions qu'elle m'avait faites sur l'âge et la santé de mon père, je lui dis qu'étant encore au-dessous de quarante ans, et jouissant d'une santé parfaite, il était étrange qu'il se fût obstiné à renoncer au mariage; que c'était un engagement néanmoins qui lui convenait beaucoup plus qu'à moi; que l'amour propre ne m'empêchait point d'ouvrir les yeux sur mes imperfections, et de reconnaître que mon cœur et ma personne étaient un triste présent pour une dame de son mérite; que la justice que je savais me rendre, et l'estime sincère que j'avais pour elle, me faisaient craindre avec raison qu'elle ne se fît violence pour souffrir ma présence et mon entretien; enfin qu'il eût été à souhaiter, pour elle-même, et pour l'intérêt de notre maison, que mon père, au lieu de m'offrir à elle, lui eût offert lui même et son cœur et sa main. J'ajoutai que pour peu qu'elle goûtât cette ouverture, et qu'elle voulût se prêter à mon projet, je ne désespérais pas de le faire réussir; et, remarquant que ma proposition lui causait de l'embarras, je la priai de s'expliquer naturellement, et de faire fond sur ma sincérité et mon honneur.

Après avoir paru balancer un moment, elle me fit une réponse qui ne put me laisser le moindre doute de ses véritables sentimens. Elle s'était fait, me dit-elle, un honneur extrême de ma recherche; mais puisque j'avais si peu de goût pour le mariage, elle se sentait tellement prévenue en faveur de notre maison, qu'elle recevrait volontiers la main du père, si elle ne pouvait obtenir celle du fils. Je marquai une joie infinie de la voir dans cette disposition. Étant ainsi persuadée de ma bonne foi, elle ne fit point difficulté de m'abandonner le soin de ses propres intérêts, et de me promettre qu'elle n'épargnerait rien de son côté, pour triompher de l'indifférence de mon père.

Comme la seule raison qui le faisait vivre dans l'éloignement des femmes, était le souvenir de ma mère, qu'il avait aimée passionnément, il ne fut pas difficile à une jeune personne qui avait autant d'esprit que de beauté, et qui se fit une étude de lui paraître aimable, d'effacer des idées que le temps seul devait avoir affaiblies. Je la secondai d'ailleurs de tout mon pouvoir, et mon zèle avait deux causes presque égales : l'envie de voir mon père heureux par un nouveau mariage, et la crainte d'être forcé moi-même à prendre ce parti, s'il persistait dans ses premières résolutions. J'acquis donc, à force d'instances et de soins, non-seulement une belle-mère qui mérita pendant toute sa vie mon respect et mon affection, mais encore la liberté de suivre la vocation du Ciel, qui m'appelait à l'état ecclésiastique. Dès la première année de cet heureux mariage, le Ciel m'accorda un frère; et sa naissance fut comme le signal auquel il me fut permis d'entrer dans une nouvelle carrière.

J'obtins le consentement de mon père pour aller faire des études plus régulières à Carickfergus, sous la conduite de quelques ecclésiastiques romains, qui y enseignaient secrètement les sciences divines et humaines. J'y passai plusieurs années, et je ne retournai à la maison paternelle, qu'après avoir reçu les ordres sacrés de l'archevêque catholique d'Armagh. Engagé sans retour au service du Ciel, je balançai sur le choix des deux sortes d'occupations auxquelles un prêtre romain peut s'attacher en Irlande. Depuis que la réformation y est devenue dominante, il y a peu de villes, et peu même de villages qui soient entièrement composés de catholiques. Cependant il s'en trouve encore un assez grand nombre pour former en quantité d'endroits des paroisses considérables, qui sont ordinairement sous la conduite d'un curé ou d'un doyen, et quelquefois même de plusieurs prêtres. Pour les autres lieux du royaume, où l'on aurait souvent peine à compter deux catholiques parmi cent protestans, on n'y reçoit point d'autre secours spirituel que de quelques missionnaires ambulans, dont le zèle s'exerce de ville en ville, soit à consoler le petit nombre des fidèles, soit à ramener à la communion romaine les protestans qu'ils peuvent gagner par leurs exhortations secrètes : mais ils ont besoin d'une circonspection extrême pour se contenir dans les bornes qui leur sont accordées par les lois ; et s'ils sont du clergé régulier, ils ne font point une seule démarche qui ne les expose au supplice, parce que l'entrée même du royaume leur est défendue sous peine de mort. Ayant donc le choix de l'un ou de l'autre de ces deux partis, j'aurais peut-être suivi le mouvement de mon zèle, qui me faisait regarder le second comme le plus laborieux et le plus apostolique ; mais les instances redoublées de mon père et de ma belle-mère, m'arrêtèrent presque malgré moi dans la paroisse la plus proche de leur demeure.

C'était une petite ville nommée Killerine*, située sur la rivière de Banne, à

---

* Al. *Krine* ou *Coleraine*.

l'extrémité du comté d'Antrim, et dépendante de la jurisdiction de Londondery. La religion romaine s'y était si bien conservée, que la plus grande partie des habitans en faisaient ouvertement profession. Le clergé y était nombreux, et le doyen, qui en était le chef, n'y était pas moins respecté qu'un évêque. Je m'attachai à cette ville, après avoir reçu la mission de l'archevêque d'Armagh, et j'y vécus plusieurs années dans une paix profonde, en partageant mon temps entre les fonctions de mon état, et l'étude des saintes lettres. Dix ans s'étaient passés dans cette tranquillité, lorsque le doyen étant venu à mourir, ma naissance et la considération qu'on avait pour mon père, firent jeter les yeux sur moi pour remplir cette dignité. Je me trouvai obligé de l'accepter, malgré la faiblesse de mes talens; et de renouveler mes efforts pour apporter du moins à l'exécution de mes devoirs, toute l'ardeur et tous les soins dont j'étais capable.

Pendant ce temps-là; le Ciel avait continué de répandre sa bénédiction sur le mariage de mon père; son épouse lui avait donné un second fils, cinq ans après la naissance du premier, et une fille deux ans après celui-ci. Ils étaient tous trois si heureusement partagés des dons de la nature, qu'elle semblait avoir voulu faire une espèce de réparation à notre famille de la dureté qu'elle avait eue pour moi. Georges, qui était l'aîné, passait, dès l'âge de quinze ans, pour l'homme de notre province le mieux fait et du meilleur air. Patrice, son frère, quoique d'une taille moins haute et moins robuste, s'attirait encore plus d'attention par les grâces extraordinaires de son visage et de toute sa figure. Pour leur sœur, qui se nommait Rose, on n'avait rien vu depuis longtemps, dans le comté d'Antrim, de si parfait et de si aimable. Je les voyais croître avec admiration, et je demandais quelquefois à mon père s'il se repentait de m'avoir laissé prendre le parti de l'église, et de s'être chargé lui-même du soin de se donner des héritiers. La terre où il faisait sa demeure étant assez proche de Killerine, j'avais la liberté d'y aller souvent ; et, sans nuire aux devoirs de mon emploi, je veillais sur l'éducation de ses enfans, qui m'étaient aussi chers qu'à lui. Je pris même successivement ses deux fils chez moi, pour commencer à leur former l'esprit et les mœurs, et les mettre en état d'aller suivre le cours ordinaire des études au collége de la Trinité, à Dublin. Ils s'y distinguèrent par leur application et par leurs progrès dans les sciences. Le Ciel prit ce temps-là pour leur enlever leur mère ; mais quoique cette perte fît désirer à mon père de les rappeler auprès de lui, j'obtins qu'il leur laissât finir leur carrière, et je me chargeai, avec Rose, du soin de sa consolation. Ils revinrent enfin de Dublin, tels que je les avais souhaités ; c'est-à-dire, avec les connaissances et les sentimens qui convenaient à leur naissance, et le corps et l'esprit assez formés pour faire honneur à ceux qui avaient pris soin de leur éducation.

Cependant tant d'avantages paraissaient leur devoir être inutiles. La religion était un obstacle que le mérite personnel ne pouvait vaincre ; de sorte qu'avec tout ce qui sert ordinairement de voie pour se distinguer dans le monde, ils étaient condamnés à mener, comme leur père, une vie privée dans le comté d'Antrim, et à se renfermer dans les occupations domestiques. Cette raison, que j'avais toujours eue devant les yeux, était ce qui m'avait porté particulièrement à leur faire prendre du goût pour les sciences, dans la pensée qu'ils y trouveraient du moins une ressource honnête et agréable contre l'ennui de l'oisiveté. Ce n'est pas qu'au défaut des emplois civils, dont leur religion les excluait absolument, ils ne pussent espérer de s'avancer dans les armes ; mais je n'ignorais pas à quels périls ils seraient exposés par l'ambition ; et l'exemple d'une infinité de seigneurs qui n'avaient changé de religion que par ce motif, m'apprenait assez ce que je devais craindre pour eux. J'avais fait entrer mon père dans ces sentimens, et nous avions conclu qu'il fallait attendre du moins, pour les employer à quelque chose dans le monde, des temps un peu plus libres, et un règne plus favorable à la religion romaine, que celui du roi Guillaume.

Ainsi leurs occupations, pendant plusieurs années, se réduisirent à l'étude, à la chasse, et aux divertissemens innocens qu'on peut se procurer dans une province éloignée de la Cour et des grandes villes. Ils étaient souvent à Killerine; je leur rendais des visites fréquentes dans leur terre. Si j'avais pour eux autant de tendresse que mon père, ils me portaient autant de respect et d'amitié qu'à lui. Jamais il n'y eut famille plus unie et plus tranquille. Nous menions une vie si douce, que le seul amour-propre devait nous empêcher d'en désirer d'autre. Aussi paraissions-nous encore fort éloignés de tous les projets qui vinrent la troubler ; quoiqu'à parler naturellement j'eusse déjà fait quelques remarques, qui auraient dû me rendre plus éclairé sur ce que j'avais à craindre de l'avenir.

Malgré le calme continuel où nous vivions, j'avais eu occasion plus d'une fois de pénétrer le fond du caractère de mes frères et de ma sœur. Les inclinations naturelles cherchent d'elles-mêmes à se trahir. Dans leurs opinions, dans le choix de leurs plaisirs, dans l'objet même de leurs études, j'avais remarqué que mes deux freres ne s'accordaient pas toujours, et que cette différence venait de celle de leur humeur. Ils avaient tous deux beaucoup d'esprit; mais la trempe, si j'ose parler ainsi, n'en était pas la même. Georges l'avait plus pénétrant que juste; ou plutôt étant naturellement hardi et décisif, il s'était fait une habitude de juger de tout au premier coup d'œil, comme si sa pénétration lui eût épargné la peine et la lenteur de l'examen. Quoiqu'il lui arrivât souvent de se tromper, il tirait du même principe un attachement extrême à son premier sentiment; de sorte qu'on ne venait guère à bout de lui faire confesser qu'il eût tort. Un autre effet du même défaut, c'est que tout ce qui se présentait à lui sous une forme éclatante, et qui se saisissait par conséquent fort vite de son esprit et de son imagination, ne manquait guère de le prévenir fortement pour ou contre. Ainsi la première impression décidait chez lui de tout le reste. De-là venait que, malgré la solitude de sa demeure et la tranquillité de ses occupations, il nourrissait dans le secret de son cœur un amour ardent pour le monde, dont il avait commencé à prendre quelque connaissance à Dublin, et qu'il se figurait plus flatteur encore sur l'idée qu'il en prenait dans ses lectures. La noblesse de son origine, le malheur qu'il avait d'être né dans un pays tel que l'Irlande, des souhaits continuels pour quelque heureuse révolution qui mît du changement dans l'État, dans le gouvernement et dans sa fortune, tel était le sujet ordinaire de ses entretiens et de ses méditations. Sa bibliothèque n'était composée que des livres historiques. Histoires sérieuses, ou romans, il avait le même goût pour tout ce qui pouvait augmenter dans son imagination ce fantôme du monde dont il était charmé : droit d'ailleurs dans tous ses sentimens, bon, sincère, généreux, sobre, intrépide ; en un mot, pourvu de toutes les qualités qui forment l'honnête homme dans les idées communes.

Patrice, quoique moins âgé de cinq ans, était d'un caractère beaucoup plus difficile à pénétrer. Comme rien n'était si aimable et si prévenant que sa figure, rien ne paraissait aussi plus doux et plus complaisant que son humeur. On le trouvait toujours disposé à obliger, à céder, à reconnaître le mérite dans la personne des autres, et la vérité dans leur sentiment ; à condamner le sien lorsqu'on lui faisait remarquer qu'il avait tort, à témoigner même de la reconnaissance pour ceux de qui il recevait ce bon office ; et cela avec tant de grâce et si peu d'affectation, qu'on était surpris de trouver cette rare docilité dans un jeune homme qui réunissait au même degré toutes les qualités de l'esprit et du corps. Mais ce qui était difficile à expliquer, c'est que Patrice était aussi insupportable à lui-même, qu'il paraissait aimable aux yeux des autres. Il ne trouvait rien qui fût capable de le satisfaire, et de lui faire goûter un véritable sentiment de plaisir. Les plus fortes occupations n'étaient pour lui qu'un amusement, qui laissait toujours du vide à remplir au fond de cœur. Quelqu'agrément qu'il eût l'art de répandre dans une conversation ou dans une partie de plaisir, il ne tirait aucun fruit pour lui-même de ce qui faisait les délices des autres. Sous un visage enjoué et tranquille, il portait un fond secret de mélancolie et d'inquiétude, qui ne se faisait sentir qu'à lui, et qui l'excitait sans cesse à désirer quelque chose qui lui manquait. Ce besoin dévorant, cette absence d'un bien inconnu, l'empêchaient d'être heureux. Je fais ce portrait de son cœur d'après celui qu'il m'a fait cent fois lui-même, en gémissant amèrement de son propre sort. Au reste, il n'en était pas moins exact à remplir les devoirs ordinaires de la société; mais il se trouvait souvent gêné par les bienséances. Il eût préféré volontiers la solitude au commerce des hommes. Ses livres étaient sa seule consolation. Un raisonnement juste et solide, une expression heureuse, un tour délicat, un sentiment tendre et bien ménagé, lui plaisaient plus que toutes les richesses et que tous les honneurs du monde, parce qu'il y trouvait du moins de quoi flatter pour un moment son cœur et sa raison, et que tout le reste le fatiguait jusqu'à lui inspirer de la haine et du dégoût.

Voilà Patrice, tel que je l'ai connu pendant toute sa vie. Ce ne fut pas néanmoins tout d'un coup que je parvins à cette connaissance. Dès son retour du collége de Dublin, je m'aperçus, en l'observant de près, qu'il y avait quelque chose de fort extraordinaire dans son caractère; mais ce fut long-temps pour moi une énigme très-embarrassante. A force d'observations, je crus avoir saisi une partie de son secret, et je l'obligeai enfin par mes instances et par les plus tendres marques de mon amitié, de me laisser lire clairement dans le fond de son ame. Il me fit tous les aveux qu'on vient de lire. Son mal, quoique d'une nature si étrange, ne me parut pas sans remède. Je lui en offris un qui, dès ce temps-là sans doute, aurait été propre à le guérir, s'il eût eu la force d'en surmonter la première amertume; mais il il était question de se faire certaines violences auxquelles Patrice n'était pas encore disposé. Je m'efforçai en vain de lui faire comprendre que ce qu'il regardait comme un malheur pour lui, était peut-être une faveur du Ciel, qui l'appelait particulièrement à son service, et qui ne lui faisait éprouver le trouble continuel dont il gémissait, que pour lui faire désirer le seul bien à la possession duquel le repos du cœur est attaché. Mes exhortations furent alors inutiles : non qu'il eût à vaincre dans son cœur quelqu'habitude contraire aux devoirs communs de la religion; mais il n'avait point encore le goût de cette vertu sublime à laquelle je l'exhortais et que je croyais nécessaire à son repos. On verra par quels degrés il plut au Ciel de l'y conduire.

Si j'avais eu besoin d'un peu d'étude pour approfondir le caractère de mes frères, rien ne m'avait été si facile que de connaître celui de ma sœur. Elle le portait écrit dans ses yeux et sur son visage. L'heureux tempérament de son sang et de ses humeurs, qui formait la beauté de son teint, servait non-seulement à rendre son ame perpétuellement tranquille, mais encore à l'orner de mille qualités aimables, et à communiquer autant de charmes à son esprit, qu'il en répandait extérieurement sur toute sa personne. Douce, complaisante, extrêmement modeste, aussi réglée dans ses désirs que dans ses actions, rien n'était si égal que sa conduite et son humeur. Elle n'avait jamais fait réflexion si une femme est propre à autre chose qu'aux petits soins dont son père la tenait occupée ; et j'admirais quelquefois, qu'avec le fond d'esprit que je lui connaissais, elle pût se contenir si paisiblement dans un cercle d'amusemens puérils, et moins convenables à sa raison qu'à son âge. Mais cette simplicité venait de l'innocence de tous ses sentimens. Elle était belle sans le savoir; elle plaisait sans y penser; et son esprit, quoique supérieur à ses occupations, s'y attachait tout entier, parce qu'il n'en connaissait point d'autres. Avec des dispositions si heureuses, il semblait qu'il n'y eût à attendre d'elle que de la sagesse et de la vertu. Pour moi, j'en étais si persuadé, que la pensée m'étant venue plusieurs fois de lui donner des instructions plus sérieuses et plus proportionnées à ses talens naturels, j'avais renoncé à ce dessein, par la seule raison que l'innocence étant le plus heureux partage d'une fille, il me paraissait inutile, et peut-être dangereux, de lui procurer des connaissances aussi peu nécessaires pour son bonheur que pour sa vertu. Cependant, lorsqu'elle eut passé sa quinzième année, je crus m'apercevoir que l'âge la rendait un peu différente. Soit que les discours de Georges eussent étendu ses idées, soit que ce fût uniquement l'effet de la nature, je remarquai plus de vivacité dans ses yeux, et beaucoup moins de simplicité dans ses manières. Son sang, qui avait été jusqu'alors dans un degré de chaleur si modéré, paraissait s'échauffer lorsqu'il était question d'une partie de plaisir. Elle prit du goût pour la lecture; mais elle recevait ses livres de Georges; et le hasard me fit un jour découvrir qu'il ne lui prêtait que des romans. Je leur en fis des reproches à l'un et à l'autre. Elle me promit d'abandonner cette frivole occupation. Je crois qu'elle tint sa promesse; mais je ne laissai pas de remarquer de plus en plus qu'elle commençait à ouvrir les yeux sur son propre mérite, et qu'elle était instruite de bien des choses qu'elle n'avait pas toujours connues.

Je n'allais jamais à leur terre, sans leur renouveler mes avis et mes exhortations. Leur considération pour moi, et l'amitié qu'ils me connaissaient pour eux les avait accoutumés à les recevoir volontiers. Aussi évitais-je avec soin de prendre un air sévère et rebutant. D'ailleurs mon père se reposait sur moi de la conduite de toute sa maison. Ils connaissaient là-dessus ses volontés : de sorte que ce bon père étant venu à mourir, ils n'eurent pas de peine à lui promettre, à sa dernière heure, d'avoir toujours la même docilité pour mes conseils, et de prendre pour moi tous les sentimens qu'ils avaient eus pour lui. Rien ne fut si touchant que les dernières marques de tendresse avec lesquelles il quitta sa triste famille. Après avoir exigé de mes frères et de ma sœur la promesse de me respecter et de m'obéir pendant toute leur vie, il m'obligea, par un ordre absolu, de m'engager aussi à leur tenir lieu du père qu'ils allaient perdre, et à les regarder toujours comme le plus cher objet de ma tendresse et de mes soins. Il m'ordonna de les embrasser en sa présence, pour confirmer nos promesses par ce gage d'une fidélité inviolable; et il nous embrassa lui-même l'un après l'autre, en nous arrosant de ses précieuses larmes. Il mourrait à cet âge où la raison fait abandonner la vie sans regret, parce qu'elle fait considérer la mort comme un tribut nécessaire de la nature; et il emportait cette douce consolation que jamais père n'avait été plus heureux que lui par le respect et l'attachement sincère de tous ses enfans.

Quelque douloureuse que cette perte fût pour nous, elle ne mit aucun changement dans nos affaires, ni dans notre condition. Georges se trouvait déjà âgé de vingt-cinq ans. Il était en état de se charger de la conduite de sa famille; et il s'en chargea effectivement, après m'avoir prié de lui accorder le secours ordinaire de mes conseils. Nous continuâmes durant quelques mois de vivre avec la plus parfaite intelligence. Patrice était dans sa vingtième année. Rose en avait environ dix-sept. Leur conduite était sage, et ne s'était jamais démentie; car ce que j'ai déjà dit de leur caractère n'y était, pour parler ainsi, qu'en semence, et ne se découvrait point à d'autres yeux que les miens. Nous paraissions donc plus tranquilles que jamais, lorsque par des ressorts qui étaient encore dans le secret de la providence, il se préparait pour nous un avenir tout différent, une autre patrie, une autre fortune, d'autres occupations et d'autres soins, enfin des aventures, des peines, et des agitations sans nombre. C'est de ce point que je commence proprement notre histoire.

Quoique le commerce ne soit pas florissant dans toute la partie septentrionale de l'Irlande, et qu'à l'exception de Londondery et de Carickfergus, il y ait peu de places maritimes qui soient fréquentées par les étrangers, on ne laisse pas de voir aborder quelques vaisseaux marchands dans les petites villes qui sont situées à l'embouchure des rivières. Elles tirent de cette situation l'avantage de recevoir directement leurs vins, leurs huiles, et les autres commodités que la nature a refusées à leur île. Killerine n'étant guère plus éloigné de la mer que d'une lieue, reçoit de temps en temps cette faveur par la rivière de Banne, qui arrose ses murailles. Environ un an après la mort de mon père, il y arriva un vaisseau français, chargé de vins, dont le capitaine eut la civilité de me faire une visite, comme au chef des catholiques de cette ville. C'était un jeune homme, nommé des Pesses, d'une physionomie agréable, et d'une politesse rare dans un homme de mer. Je le reçus avec l'honnêteté que je crus devoir à un étranger, et particulièrement à un Français, parce qu'ayant depuis long-temps du goût dans notre famille pour la langue de cette nation, nous la savions parfaitement, mès frères, ma sœur et moi, et nous ne pouvions nous défendre de quelque inclination pour ceux qui la parlaient. Le mérite que je reconnus dans M. des Pesses, fut une nouvelle raison qui me porta à lui vouloir du bien. Je le priai de venir librement chez moi; et non-seulement je lui rendis tous les services qui convenaient à ses affaires; mais lorsque je crus le reconnaître assez pour le traiter avec confiance, je lui proposai d'aller voir ensemble mes frères et ma sœur, à qui j'étais sûr que cette visite serait agréable. Nous fîmes cette promenade plus d'une fois ; et M. des Pesses se fit tellement goûter de la première, que je n'étais pas bien reçu de mes frères ni de Rose, lorsqu'ils me voyaient arriver sans lui.

On s'imagine aisément que les délices de la France revenaient dans toutes les conversations, et que M. des Pesses ne s'épargnait pas pour nous tracer de charmantes images du pays de sa naissance. La description qu'il nous faisait du Languedoc, de la Provence et de quelques autres parties du royaume, nous paraissait égale au séjour des dieux ou des fées. Il avait demeuré long-temps à Paris, et tout ce qu'il nous rapportait de cette ville fameuse excitait notre admiration. Il racontait d'ailleurs avec grâce. Georges et Rose ne se lassaient pas de l'entendre. L'inquiétude même de Patrice en recevait du soulagement. C'était Orphée qui suspendait le tourment de Sisiphe et d'Ixion.

Un jour qu'ils paraissaient charmés de son entretien, il prit un ton plus grave, pour leur dire qu'il ne pouvait s'empêcher d'être surpris, qu'avec leur naissance, leur âge et leurs qualités personnelles, ils eussent pris le parti de s'enterrer dans un coin désert de l'Irlande, tandis qu'ils avaient la liberté de la quitter, et de se faire un sort plein d'agrémens dans le plus beau pays du monde; que depuis vingt ans il était sorti de notre île une infinité d'honnêtes gens, qui n'avaient guère été tentés d'y revenir, après avoir goûté une fois les charmes de la France; que d'un nombre infini d'exemple, il ne voulait leur citer que celui de M. Dillon, qu'il avait l'honneur de connaître, et qui s'était vu comblé de toutes sortes de faveurs presqu'en arrivant à Versailles; que sans compter la voie du service militaire à laquelle ce gentilhomme s'était attaché, il y avait mille chemins de fortune à choisir, tant à la Cour qu'à Paris; qu'un étranger bien né et de bonne mine, ne manquait jamais de protection à la Cour du plus généreux et du plus grand de tous les Rois, dont les principaux sujets pouvaient être regardés comme autant de princes qui l'emportaient, par les richesses et la magnificence, sur un grand nombre de souverains, et qui mettaient leur gloire à suivre les exemples de bonté et de générosité qu'ils recevaient sans cesse de leur maître; que pour ceux qui manquaient leur fortune à la Cour, Paris offrait des ressources inépuisables; que le jeu seul y mettait tous les jours dans l'opulence une quantité incroyable de Français et d'étrangers, que dans chaque quartier de la ville on trouvait des académies, ou plutôt des sources intarrissables d'or et d'argent, où le bonheur d'un moment faisait puiser de quoi passer heureusement la plus longue vie; qu'un homme bien fait, qui était sans goût pour le jeu, pouvait encore, avec moins de hasard, se procurer un établissement par le moyen des femmes; que les vieilles, les jeunes, les veuves et celles qui ne l'étaient pas, étaient également idolâtres de la bonne mine, et qu'un jeune homme avec cette sorte de mérite se voyait marié, lorsqu'il y pensait le moins, à la plus riche héritière de Paris; que si les dames françaises avaient tant de faiblesse pour les hommes, les seigneurs et les personnes riches en avaient encore plus pour les femmes; qu'à la Cour, à la ville, en province, une personne du mérite de Rose, pouvait s'assurer d'être adorée; qu'il n'y avait point de rang, ni de fortune et de richesses qui fussent au-dessus d'elle, ou plutôt qu'elle ne dût s'attendre de voir mettre à ses pieds. Enfin, pour achever plus galamment le tableau, M. des Pesses ajouta que le goût des arts, des sciences, celui de l'esprit, de la vertu, de la beauté, étant en France au plus haut degré, il n'était permis ni à mes frères ni à ma sœur, qui possédaient tous ces talens réunis, de les ensevelir en Irlande, et de priver son pays de la satisfaction que tout le monde y trouverait à les admirer.

Soit que ce discours fût fait dans des vues sérieuses, soit qu'il ne vînt que de la politesse ordinaire aux Français, je remarquai qu'il avait fait une impression profonde sur mes frères et sur ma sœur. Georges regardait successivement Patrice et Rose, d'un œil qui semblait les consulter; et je croyais voir aussi dans les yeux de Patrice et de Rose une réponse telle que Georges la demandait. Cependant, comme s'ils eussent eu de l'embarras à s'expliquer, ils évitèrent d'abord de répondre directement à la proposition et aux flatteries de M. des Pesses. Enfin Georges, las de cette violence, regarda de nouveau son frère et sa sœur, pour s'assurer de leur consentement, et se tournant vers moi : Je suis bien éloigné, me dit-il, de m'appliquer tout ce qu'il y a de flatteur dans les complimens de M. des Pesses, et de me promettre tout ce que son honnêteté nous fait espérer; mais puisque tant d'autres sont passés en France et s'en sont bien trouvés, pourquoi ne pourrions-nous pas les imiter, s'il est certain que nous y sommes engagés par les mêmes raisons? Il me demanda ensuite ce que j'en pensais moi-même.

J'avoue que je me trouvai à mon tour

dans un certain embarras, surtout lorsque le silence des deux autres m'eut persuadé qu'ils étaient dans le même sentiment que leur frère. Je connaissais trop bien le fond de leur caractère pour m'y tromper. Ma sœur avait rougi de joie, lorsque M. des Pesses l'avait assurée d'un air flatteur qu'elle serait adorée en France, et qu'il n'y avait point de pays où l'on rendît plus de justice au mérite des femmes. Georges était ébloui du tableau brillant qu'on lui faisait de Paris et de la Cour, et surtout de la facilité qu'il y avait, avec un peu d'industrie, à trouver les moyens de s'enrichir et de s'élever aux honneurs. A la vérité, l'exemple de M. Dillon était séduisant : ce gentilhomme avec lequel il avait été élevé à Dublin, et qui n'était ni plus riche ni de meilleure maison que nous, n'avait point eu d'autre titre que lui pour prétendre aux faveurs de la Cour. Enfin, je voyais bien que ces académies où l'on jouait si gros jeu, et où le plus misérable pouvait espérer de devenir riche tout d'un coup lorsque la fortune voulait le favoriser un moment, achevaient de gagner Georges, et ne lui permettaient déjà plus de regarder l'Irlande qu'avec mépris. Pour Patrice, il suffisait de lui proposer quelque chose sous un tour nouveau, pour lui en inspirer le désir; non qu'il conçût en effet beaucoup de goût pour ce qu'il commençait à désirer, mais parce qu'étant dégoûté de tout ce qu'il possédait, son cœur se promettait plus de satisfaction dans le changement.

La seule réponse que je leur fis, à eux et à M. des Pesses, roula sur les difficultés d'une telle proposition. Un projet de cette importance, leur dis-je ne s'exécute pas aussi légèrement qu'il se forme. Vous ne considérez point ce que c'est que d'abandonner sa patrie, pour passer dans un pays inconnu, où l'on est incertain si l'on trouvera du support et de la protection. Croyez-vous qu'on vive de rien en France? et sans compter les frais nécessaires du voyage, où vous flattez-vous de trouver de quoi fournir à vos premières dépenses en arrivant à Paris? Quand vous penseriez à vous défaire ici de votre patrimoine, vous savez bien que ce n'est point une chose aisée en Irlande; et qu'en supposant qu'il se présente une occasion de le vendre, vous n'en tireriez jamais la valeur. On ne répliqua rien à des objections si fortes : mais si l'on parut s'y rendre dès la première fois, ce ne fut que pour méditer à loisir sur le moyen de les résoudre. En effet, quelques jours s'étant passés, mon frère Georges me prit en particulier, pour me dire : qu'après avoir délibéré mûrement avec Patrice et sa sœur, et après avoir tiré de M. des Pesses toutes les lumières qui pouvaient favoriser leur projet, ils s'étaient confirmés dans la résolution de quitter l'Irlande : qu'à la vérité mes objections les avaient d'abord refroidis; mais qu'il ne tenait qu'à moi-même de les détruire; que si je voulais non-seulement consentir à leur départ, mais devenir le chef de leur entreprise et le guide de leur voyage, ils n'appréhendaient point les difficultés que je leur avais fait prévoir; qu'il n'y avait point de raisons qui dussent nous empêcher de nous défaire de notre patrimoine, lorsqu'il était question de former un établissement plus agréable et plus avantageux, dans un pays charmant, où l'on se faisait honneur de traiter civilement les étrangers, et où l'exemple d'un grand nombre de nos compatriotes semblait nous inviter; que pour peu que nous puissions tirer d'argent de nos terres, il suffirait non-seulement pour le voyage; mais pour vivre commodément à Paris, jusqu'à ce que la Providence et la générosité des Français nous procurassent quelque occasion de nous employer; qu'ayant passé utilement toute ma vie à l'étude, je ne devais pas douter que le clergé de France ne me traitât avec distinction, et n'offrît aussitôt de l'exercice à mes talens; que nous trouverions facilement à nous défaire de notre sœur, soit en la mariant à Paris, où l'on disait que la beauté était un chemin presque infaillible à la fortune, soit en la plaçant honorablement auprès de quelque dame de la première distinction; que pour lui et Patrice, ils avaient chacun leur épée, et grâces au Ciel, assez de bon sang dans les veines, pour s'ouvrir une route honorable dans le métier des armes, s'il ne se présentait rien de plus avantageux pour leur établissement; qu'ils avaient besoin seulement que je continuasse de leur servir de père, comme j'avais fait jusqu'alors avec une bonté extrême; et qu'ils avaient tant de confiance dans ma sagesse et mon affection, qu'ils se promettaient toute sorte de prospérités sous ma conduite.

L'air dont il accompagna ce discours me fit connaître encore plus que ses raisons, qu'il était absolument déterminé à partir, et que je ne gagnerais rien à combattre cette résolution. Mon embarras fut extrême. Je ne pouvais disconvenir que le parti qu'ils voulaient prendre ne fût assez avantageux pour leur fortune, et que dans l'âge où ils étaient, avec si peu d'espérance d'être jamais employés en Irlande, ni même en Angleterre, ils n'eussent raison de penser à s'établir dans quelque Etat catholique; mais je ne trouvais pas que mes intérêts fussent les mêmes, ni par conséquent que je dusse me laisser ébranler par les mêmes motifs. Si je n'écoutais que mon inclination, j'étais satisfait de mon bénéfice, et l'ambition ne m'avait jamais fais former d'autres vues. Si je consultais mon devoir, il me semblait qu'étant attaché par la Providence au troupeau qu'elle m'avait confié, je ne pouvais l'abandonner sans infidélité. Je voyais arriver tous les jours en Irlande des missionnaires de France et des Pays-Bas, qui quittaient leur patrie par le seul zèle de la religion, et qui venaient employer toute leur vie à l'instruction des catholiques, ou à la conversion des protestans : devais-je marquer moins de zèle que des étrangers pour le salut de mes compatriotes! Des considérations si justes auraient dû me retenir en Irlande malgré moi-même, quand j'aurais eu quelque penchant à la quitter; et elles devenaient encore plus fortes lorsqu'elles se trouvaient jointes au goût que j'avais naturellement pour le séjour de Killerine et pour mon emploi.

Cependant, après avoir fait inutilement quelques nouveaux efforts pour faire changer de dessein à mes frères et à ma sœur, je me trouvai extrêmement partagé entre la tendresse que j'avais pour eux, et les raisons qui devaient m'arrêter. Les laisser partir seuls, et les abandonner à eux-mêmes, était une autre espèce de crime dont je ne me sentais pas capable. Je me souvenais des dernières volontés d'un père mourant, et des saintes promesses par lesquelles nous nous étions engagés en sa présence, eux à me respecter et à m'obéir, et moi à les aider par mes soins et par mes conseils. Cet engagement était le plus sacré de mes devoirs. Je faisais réflexion d'ailleurs que les liens de la nature l'emportent par eux-mêmes sur toute autre sorte d'obligations ; et que si l'amour du prochain nous est ordonné par l'évangile, c'est sans doute avec une juste proportion dont les différens degrés de proximité doivent toujours être la règle. Je n'avais rien de si proche que mes frères et ma sœur : je les aimais tendrement ; ils méritaient mon affection. Ajoutez que du caractère dont je les connaissais, ils avaient besoin tous trois presque également d'un guide, jusqu'à l'âge du moins où le feu des passions se rallentit. Enfin, cette dernière pensée leur fit emporter la balance. Il est certain, leur dis-je, que je me dois à vous plus qu'au reste du monde ; mais c'est en supposant que votre affection répondra toujours à la mienne, et que vous observerez religieusement mes conseils, puisque c'est le motif qui vous fait désirer que je parte avec vous. Ils me le promirent avec joie. En consentant ainsi à les accompagner, je pris une autre résolution, dont je fus d'autant plus satisfait, qu'elle servit en quelque sorte à concilier tous mes devoirs. Ce fut de ne pas me défaire absolument de mon bénéfice, et de faire regarder mon départ comme un voyage de courte durée, que j'entreprenais seulement pour conduire ma famille en France. Je remis le soin de mon troupeau entre les mains de mon vicaire. Mon intention était effectivement de reprendre quelque jour ce cher dépôt, et de retourner en Irlande aussitôt que ma présence cesserait d'être nécessaire à mes frères et à ma sœur. Mais le Ciel me préparait un autre sort, et le tenait caché sous les voiles impénétrables de l'avenir. J'allais commencer le cours de vie le plus étrange dont il y ait jamais eu d'exemple dans un homme de mon caractère et de ma profession, et me trouver comme forcé à le suivre, par un enchaînement d'aventures si extraordinaires, qu'elles méritent bien le soin que je vais prendre de les écrire, pour les rendre utiles à l'instruction du public.

Georges n'épargna rien pour trouver promptement une occasion favorable de vendre le bien de nos ancêtres. Dans un pays moins désert que l'Irlande, il en eût pu tirer de quoi nous assurer une condition honnête, en quelqu'endroit de l'Europe que nous eussions choisi notre asile; mais tout était alors à si vil prix, surtout dans notre misérable province, qu'il eut peine à faire trois mille pistoles de ce qui n'en valait pas moins de dix mille. Il ne put même se défaire de quelques biens de campagne qui étaient dans le voisinage de Killerine ; de sorte qu'étant réduit à la nécessité de les abandonner tout-à-fait, je ne trouvai point d'autre expédient que de les laisser au même ecclésiastique à qui j'avais confié le soin de mon troupeau. Il les reçut, avec la liberté de les faire valoir à son profit, et sans autre charge que de les remettre fidèlement à ceux qui les redemanderaient par nos ordres.

Notre départ ne fut pas différé longtemps. Mes frères étaient convenus avec M. des Pesses, que nous profiterions de son vaisseau pour le passage. Il eut l'honnêteté de nous promettre qu'en notre faveur il relâcherait à Dieppe, d'où le chemin est court et facile jusqu'à Paris. Nous gagnâmes heureusement ce port. M. des Pesses prit terre avec nous par civilité, et sa compagnie nous procura une rencontre si avantageuse, que nous en tirâmes le plus heureux augure pour la suite de nos entreprises. Etant le soir avec nous dans l'hôtellerie, où nous étions logés, il y aperçut un marchand français de sa connaissance, avec sa femme qu'il connaissait aussi, et quelques enfans qu'ils avaient avec eux. Il les salua honnêtement; mais la contrainte et l'embarras qu'ils marquèrent en le voyant, lui firent juger qu'ils étaient fâchés d'avoir été reconnus. Il avait l'esprit pénétrant. Comme il les connaissait pour protestans, et que rien n'était alors si commun que d'en voir passer un grand nombre dans nos îles pour y professer leur religion, dont l'exercice était interdit en France par les édits du Roi, il ne douta pas un moment qu'ils ne fussent du nombre de ces fugitifs, et que la crainte d'être arrêtés n'eût causé la peine qu'ils avaient marquée de le voir. Lui, qui était fort éloigné de leur rendre de mauvais offices, se hâta au contraire de les délivrer de ce soupçon, en les assurant qu'il pénétrait à la vérité leur dessein; mais que loin de s'opposer au mouvement de leur conscience, il admirait le zèle qui leur faisait préférer leur religion à leur fortune. Ce discours ayant fait naître leur confiance, ils ne craignirent point de souper avec nous, après nous avoir prié de ne laisser rien échapper dans l'hôtellerie qui pût les trahir. Nous admirâmes en soupant, la bizarrerie de cette rencontre, et nous fîmes diverses réflexions sur la conduite du Ciel, qui permet quelquefois que l'erreur et la vérité ayent tant de ressemblance dans leurs effets. Chacun de nous tournait cette pensée à son avantage; mais c'était là justement ce qui causait notre admiration. Le marchand abandonnait sa patrie, pour aller jouir dans la nôtre, de ce que nous venions chercher dans la sienne; car, si la religion n'était pas le seul motif qui nous amenait en France, c'était du moins le principal, puisque sans cela nous aurions pu penser à nous établir en Angleterre. Nos vue étaient donc en effet les mêmes; et nos principes, étant néanmoins si opposés, que les uns, ne pouvant être vrais sans supposer la fausseté des autres, nous étions obligés de reconnaître qu'en faisant un des plus grands sacrifices que les hommes puissent faire au Ciel, nous faisions les uns ou les autres une démarche fausse et inutile.

Après quelques aspirations ferventes, que cette pensée nous fit pousser pour la conversion les uns des autres, M. des Pesses prit occasion de notre entretien, pour demander au marchand s'il avait eu assez d'adresse ou de bonheur pour mettre tous ses biens à couvert. Il répondit que la principale partie, consistant en marchandises de transport et en argent comptant, il avait eu la précaution de les faire passer à Londres, avant son départ de Paris; mais que la crainte de se trahir lui-même, par quelque indiscrétion, l'avait empêché de se défaire d'une jolie maison de campagne qu'il avait à quelque distance de la ville, et qui tomberait sans doute au pouvoir de ses parens, lorsqu'ils seraient assurés de son évasion. Le Ciel, s'écria M. des Pesses, en s'adressant au marchand et à moi, le Ciel m'inspire une pensée qui peut vous être à tous deux d'un extrême avantage. Vous avez laissé, me dit-il, quelques terres en Irlande, et Monsieur en laisse une aux environs de Paris. Puisque vous êtes résolus tous deux de changer de patrie, que ne faites-vous ensemble un échange de biens, qui servira du moins à vous faire sauver quelque chose du naufrage, et qui empêchera que des étrangers ne profitent de vos dépouilles? Je n'y vois nulle difficulté, ajouta-t-il; car vous ne vous arrêterez point à l'inégalité des lots, de quelque côté qu'elle puisse être, puisque vous êtes déjà déterminés à tout perdre; et j'oserais vous garantir, qu'avec le motif qui vous conduit chacun de votre côté, vous obtiendrez sans peine, vous en France, et vous en Angleterre, d'être mis en possession des biens l'un de l'autre. Munissez-vous seulement tous deux d'un acte de vente ou de donation, qui vous serve de fondement pour y prétendre. Un peu de faveur et de protection fera le reste.

Le marchand ne parut pas incertain un

moment, lorsqu'il fut assuré par M. des Pesses que j'avais laissé effectivement quelques biens en Irlande ; ni moi, après avoir reçu les mêmes assurances. Nous ne pensâmes plus qu'à faire les deux actes, dans les formes ordinaires, et nous nous séparâmes, également satisfaits les uns des autres. Je n'oublierai point le nom de cet honnête homme, à qui notre famille est ainsi redevable des prémices de son établissement en France. Il se nommait M. de Lezeau. La reconnaissance que nous crûmes lui devoir, et qui n'était pas diminuée par celle qu'il nous devait lui-même, nous porta à demeurer huit jours à Dieppe, pour favoriser son départ.

Je fus fort étonné, lorsque nous nous disposâmes à quitter cette ville, d'entendre dire à M. des Pesses que son dessein était de nous accompagner jusqu'à Paris, et que se reposant sur la sagesse de son lieutenant, il lui laisserait la conduite de son vaisseau pendant le reste de la route. Je ne m'y opposai que faiblement, comme on fait à une civilité excessive qu'on n'est pas fâché de recevoir. Ayant fait un long séjour à Paris, il pouvait nous y rendre des services considérables en arrivant, et surtout nous faciliter les moyens de tirer quelque fruit de l'acte de M. de Lezeau. Mais cette ardeur de nous obliger me fit ouvrir les yeux sur une chose dont je n'avais pas eu jusqu'alors la moindre connaissance. M. des Pesses était devenu sensible au mérite de ma sœur. Il ne pouvait se résoudre à la quitter. Ainsi ce que je croyais devoir à sa politesse n'était qu'un effet de l'amour. Cette découverte ne me causa pas d'inquiétude. Au contraire, dans l'espérance où j'étais que l'esprit et la beauté de Rose pourraient lui servir de recommandation en France pour trouver quelque établissement avantageux, je me flattai que, sans aller plus loin, sa bonne fortune lui offrait dans M. des Pesses tout ce qu'elle pouvait désirer. Il était jeune et bien fait, sa dépense me faisait juger qu'il était riche; et quoiqu'il ne fût point d'une naissance égale à la nôtre, la situation de nos affaires et la qualité d'étrangers devaient nous rendre moins délicats sur cette inégalité.

Je vis donc d'un œil fort tranquille son assiduité auprès de ma sœur, et les marques qu'il lui donnait continuellement de son affection. Mes deux frères, qui s'en aperçurent comme moi, les regardèrent de même ; et lorsqu'ils m'eurent fait connaître ce qu'ils avaient remarqué, nous nous accordâmes tous trois à penser que la recherche de M. des Pesses était un avantage pour elle et pour nous. L'opinion que nous avions prise de lui ne fit qu'augmenter à Rouen, où il nous procura la connaissance d'un grand nombre d'honnêtes gens qui étaient les amis de son père ou les siens, et de qui nous tirâmes adroitement tous les témoignages qui pouvaient nous assurer de son bien, et sinon de la noblesse de sa famille, du moins de la considération où elle était dans son pays, et du rang honorable qu'elle y tenait dans la robe et dans commerce. Nous reçûmes même à Rouen quelques lettres de recommandation de plusieurs personnes du premier ordre auxquelles il avait communiqué l'échange de biens que j'avais fait avec M. de Lezeau, et qui nous offrirent en sa faveur tout le crédit qu'ils avaient à la Cour par eux-mêmes ou par leurs amis.

Nous arrivâmes à Paris dans un temps où l'abondance y régnait, et où le luxe et les plaisirs paraissaient être de toutes les conditions. Ce spectacle fut nouveau pour nous qui n'avions vu jusqu'alors que de la pauvreté et de la misère dans les villes désertes d'Irlande. Je remarquai d'une manière sensible l'effet que ce changement produisit sur mes frères et sur ma sœur. Avant que de penser à des entreprises sérieuses, nous prîmes quelques jours pour nous remettre de la fatigue du voyage. Mais je fus le seul qui profitai de ce repos. Du matin au soir mes frères étaient à parcourir la ville, à lier des connaissances et à s'introduire dans tous les lieux où ils pouvaient obtenir la liberté d'entrer. Ma sœur passait les jours entiers à sa fenêtre, avec une curiosité avide de tout voir et de tout entendre, et comme enchantée de la magnificence des habits et des équipages qui se présentaient à ses yeux. Le soir, lorsque l'heure du souper nous rassemblait, j'étais obligé d'essuyer les récits éternels de Georges, qui nous racontait tout ce qu'il avait vu; et ceux de Rose, qui n'était pas moins charmée de tous les objets qui l'avaient occupée dans son poste. Le goût, ou plutôt la passion qu'ils avaient pour le monde, se déclarait jusques dans l'air de leur visage et dans le ton de leurs discours. Je ne doute pas que leur imagination ne les servît fidèlement pendant le sommeil, et qu'elle ne leur représentât encore plus vivement ce qu'ils avaient admiré pendant le jour. Patrice, au contraire, revenait mélancolique et rêveur. A peine ouvrait-il la bouche pour prononcer quelques paroles. Il paraissait méditer quelque chose d'extraordinaire, sans que je pusse démêler si sa rêverie venait de tristesse ou de joie.

De quelque manière qu'elle dût être expliquée, j'en augurai mieux que de la dissipation excessive des deux autres.

M. des Pesses avait pris un logement différent du nôtre ; et sa première attention, en arrivant, avait été de s'informer dans quel état M. de Lezeau avait laissé ses affaires à son départ. Il les trouva telles que nous l'avions appris de lui-même. Ses parens, assurés de sa fuite, n'avaient pas balancé de se mettre en possession de ce qui lui avait appartenu, et la maison de campagne n'avait pas été oubliée. Quoique nous dussions nous attendre à quelques difficultés pour faire valoir nos droits, le zèle et l'industrie de M. des Pesses vinrent à bout de les lever. Il ne me laissa point d'autre peine que celle de rendre quelques visites à M. le chancelier, à M. le premier président et à M. l'archevêque de Paris. La protection de ces trois seigneurs, qu'il avait eu le crédit de nous ménager ; abrégea les procédures, et nous rendit enfin possesseurs paisibles du bien de M. de Lezeau. Nous remerciâmes la Providence de nous avoir accordé cette petite retraite, dont la première vue nous avait paru extrêmement agréable. Elle est à trois quarts de lieue de Paris, et dans une situation si charmante, qu'elle peut passer pour un lieu de délices.

Après nous avoir rendu cet important service, M. des Pesses, qui ne pouvait pas douter de notre reconnaissance, et qui avait eu plus d'une occasion de s'assurer de notre estime, chercha le moyen de s'ouvrir à moi sur les intentions qu'il avait pour ma sœur. Il ignorait entièrement que je les eusse pénétrées. Son compliment fut court et sans affectation, mais prononcé d'un ton fort timide. Je lui répondis aussitôt, d'un air à guérir sa défiance, qu'il ne me demanderait jamais rien que je ne fusse disposé à lui accorder; que sa générosité et le zèle qu'il avait marqué pour les intérêts de notre famille méritait ce juste retour; que je me croyais même très-heureux qu'il nous offrît lui-même l'occasion de nous acquitter, en satisfaisant son cœur par l'endroit le plus tendre; enfin que s'il estimait assez ma sœur pour souhaiter d'en faire son épouse, non-seulement j'y donnais les mains de bon cœur, mais que s'il ne l'avait pas encore disposée elle-même à consentir à leur mariage, je lui promettais d'employer mes soins pour la rendre telle qu'il désirait. La joie qu'il fit paraître de cette réponse me fit connaître alors, pour la première fois, ce que je n'ai jamais senti par expérience, mais ce qu'une infinité d'autres exemples ne m'ont que trop confirmé dans la suite : je veux dire que le transport où je vis M. des Pesses, qui était naturellement mesuré dans toutes ses actions, m'apprit non-seulement que l'amour est une passion violente, mais qu'elle s'empare de l'imagination aussi souverainement que du cœur; et qu'étendant sa tyrannie sur le corps et sur l'ame, elle trouble tout à-la-fois le sang et la raison.

Ce tendre jeune homme se laissa tomber à mes genoux, qu'il embrassa avec un mouvement tout passionné; et ne trouvant point de termes pour s'exprimer, il y demeura quelque temps dans un silence plus éloquent que toutes les expressions. Enfin, revenant à lui-même, il me fit les remercîmens les plus vifs ; et la moindre chose qu'il m'offrit, fut la disposition de sa vie et de sa fortune. J'avais été fort éloigné jusqu'alors de le croire si amoureux. Mais ce qu'il ajouta, fit croître encore l'idée qu'il venait de me donner de sa passion. Comme il n'y a rien de si aimable au monde que mademoiselle Rose, me dit-il, il est impossible aussi qu'elle inspire jamais plus d'amour. C'est un secret que je vous ai caché jusqu'à présent, et dont elle ne sait elle-même qu'une partie ; car il n'est pas croyable qu'elle eût la dureté qu'elle marque pour moi, si elle connaissait toute ma tendresse. Là-dessus il me raconta que sa passion était née en Irlande; que dès ce pays-là il avait eu la hardiesse de la déclarer ; que loin d'être rebuté, il avait trouvé d'abord assez d'indulgence pour espérer beaucoup de l'avenir, et qu'il avait continué de se flatter depuis Killerine jusqu'à Paris ; mais que par un changement dont il ignorait la cause, et qui le mettait au désespoir, il se trouvait depuis quelque temps si reculé dans ses espérances, qu'il n'osait plus aborder ma sœur qu'en tremblant; qu'au lieu de cette douceur et de cette bonté dont elle ne lui refusait pas quelques marques légères, elle ne le traitait plus qu'avec un mépris et des dédains qui lui perçaient le cœur; que c'était cette raison qui lui avait fait naître la pensée de s'ouvrir à moi, pour se rendre un peu plus hardi par mon approbation, s'il était assez heureux pour l'obtenir; que la crainte avec laquelle il avait ouvert la bouche pour s'expliquer, ne pouvait être égalée que par la joie qu'il ressentait de ma réponse; que l'estime et l'amitié dont j'avais bien voulu l'assurer étaient pour lui une consolation des plus douces; mais que si je lui permettais d'en attendre quelques témoignages, c'était en le rétablissant dans le cœur de Rose que je lui rendrais le seul service auquel il pût être sensible.

J'écoutai avec beaucoup d'attention un discours dont tous les termes étaient fort nouveaux pour moi. Je ne pouvais ajouter à ma première réponse, que la confirmation de ce que j'avais déjà promis. Je suis d'un âge, dis-je au triste M. des Pesses, et d'une profession qui ne me permettent guère d'entrer dans le secret de vos petits chagrins d'amour. Cependant le détail que vous m'avez fait servira à redoubler le désir que j'ai de vous obliger, et je parlerai aujourd'hui à ma sœur dans le sens le plus conforme à vos inclinations. En effet, j'allai la chercher sur-le-champ. Je la trouvai dans sa chambre, occupée à se parer, et recevant les avis de Georges, qui l'informait des dernières modes, et qui l'aidait à les suivre. Je leur demandai quel était le dessein d'une parure si affectée? Georges répondit qu'il avait proposé à sa sœur de la conduire à la promenade, et qu'étant à Paris, il ne convenait point qu'elle fût vêtue comme une villageoise d'Irlande. N'ayant aucune raison d'interpréter mal cette réponse, je me contentai de leur faire une courte morale sur la superfluité de certains habillemens, et sur la puérilité des modes. En France, leur dis-je, il est vrai qu'on se rendrait ridicule en refusant d'observer les modes; mais je sais qu'en France même, on fait pitié aux personnes de bon sens, lorsqu'on les suit avec trop d'affectation. Retenez cette règle, ajoutai-je, qui est d'un excellent auteur français : « Les femmes raisonnables reçoivent les « modes, et n'y ajoutent rien : elles ne « sont jamais les premières à les suivre, « ni les dernières à les quitter. » Ils ne purent s'empêcher d'approuver ma réflexion; mais ils n'étaient plus l'un et l'autre en état de la goûter et de la suivre.

Je changeai de discours pour apprendre à Rose le motif qui m'amenait dans sa chambre. Je lui expliquai naturellement le dessein de M. des Pesses, et les sentimens qu'il avait pour elle. J'ajoutai que, dans l'état de notre fortune, je regardais la proposition qu'il m'avait faite de l'épouser comme un véritable avantage; et que si elle prenait mon conseil, j'étais d'avis qu'elle acceptât sa main sans balancer. Georges était témoin de cet entretien, et je ne doutais point qu'ayant marqué à Dieppe les mêmes sentimens que moi à l'égard de ce mariage, il ne joignît ses instances aux miennes pour y faire consentir sa sœur. Cependant il fut le premier à répondre qu'il était surpris de me voir oublier sitôt de qui nous étions nés, et proposer un marchand de vin pour époux à la fille du comte de. . . . . ; que pour lui s'il avait quelque conseil à donner à sa sœur, c'était de demeurer fille toute sa vie, plutôt que de consentir à une alliance si inégale. Rose ne me fit entendre que quelques paroles, mais qui marquaient la même répugnance à se rendre. Le cœur ne se conduit pas par contrainte. D'ailleurs quelque supériorité que l'âge et le respect volontaire de mes frères et de ma sœur m'eussent fait prendre sur eux jusqu'alors, il ne m'était jamais arrivé de les traiter avec hauteur, ni d'exiger d'eux plus que de l'amitié. Ainsi sans marquer à Rose que je fusse mécontent de sa réponse, je me bornai à lui représenter toutes les raisons qui m'avaient persuadé moi-même de l'avantage qu'il y avait pour elle à recevoir les offres que je lui faisais ; et pour satisfaire à la parole que j'avais donnée à M. des Pesses, je lui recommandai de traiter du moins avec un peu plus d'honnêteté et de complaisance un homme à qui nous avions de si justes obligations. Mes dernières paroles la firent sourire ; et sans s'expliquer davantage, elle regarda Georges d'un air qui signifiait quelque chose, mais que je ne pus comprendre.

Ils sortirent ensemble. La nuit était fort avancée lorsqu'ils revinrent au logis. Quelque inquiétude que m'eût causé leur absence, j'avais encore si bonne opinion de leur conduite, que je m'étais mis au lit à l'heure ordinaire ; de sorte que je ne fus informé que le lendemain de celle de leur retour. Le hasard me fit apprendre aussi avant leur reveil dans quelle occupation ils avaient passé la meilleure partie de la nuit. M. des Pesses m'étant venu voir le matin, n'attendit pas que je lui eusse rendu compte de ce que j'avais fait la veille en sa faveur, pour me faire connaître l'opinion qu'il en avait déjà. Il me dit d'un air affligé que personne n'était si à plaindre que lui, et qu'il n'avait plus même d'espérance dans mes promesses et dans les secours de mon amitié. Il me raconta que l'envie de dissiper un peu ses chagrins l'ayant conduit la veille à la comédie, il y avait vu Rose, mais dans une parure si brillante, qu'il n'avait pu croire qu'elle y fût venue sans dessein; qu'en effet la loge où elle était d'abord seule avec son frère, s'était remplie peu à peu de jeunes seigneurs, qui n'avaient point tardé à lier connaissance avec elle; qu'il en était survenu un plus âgé, auquel les autres avaient cédé la place, par déférence apparemment, et qu'il n'avait pas cessé un moment de marquer une vive admiration pour ses charmes; que s'étant informé qui il était, on lui avait appris que c'était le duc de....... c'est-à-dire, ainsi qu'on l'en avait assuré en même temps, l'homme de la cour de France qui était le plus passionné pour les femmes, et qui respectait le moins l'honneur et les bienséances pour se satisfaire : qu'après le spectacle, ce seigneur avait offert apparemment son carrosse à Rose ; mais qu'il était certain qu'elle y était montée avec le duc et mon frère ; qu'il avait eu la curiosité de les suivre, et qu'il les avait vu descendre à l'hôtel de..... où le prince de ce nom donnait un grand souper qui devait être suivi du bal ; que l'amour ou plutôt la jalousie, l'avait porté à se masquer, pour s'introduire dans l'assemblée sous ce déguisement, et que pendant une partie de la nuit il y avait vu Rose, briller, danser, s'attirer les regards, recevoir les complimens et les flatteries qu'on lui faisait sur sa beauté, et marquer surtout beaucoup de complaisance et d'attention pour le duc, qui ne s'était pas éloigné d'elle un moment ; qu'à la vérité son frère ne l'avait pas quittée non plus ; mais que pour lui, à qui cette funeste nuit faisait ouvrir les yeux, il ne voyait que trop, par le changement des inclinations de Rose, qu'il n'avait plus rien à espérer de son affection.

Non-seulement le chagrin de M. des Pesses m'inspira beaucoup de compassion pour ses peines ; mais, par un pressentiment de celles dont j'étais menacé, je me trouvai presque aussi inquiet et aussi affligé que lui. Je commençai à ouvrir aussi les yeux sur les difficultés de l'emploi dont je m'étais chargé, et sur le danger où j'étais de voir mes conseils méprisés par mes frères et par ma sœur. Les querelles et la division ne pouvaient manquer d'en être la suite ; et par une conséquence encore plus triste, je prévoyais qu'ils allaient tomber dans le libertinage, perdre de vue les raisons qui nous avaient amenés en France, oublier qu'ils ne pouvaient s'y procurer un établissement solide que par leur sagesse et leur bonne conduite, dissiper peut-être follement le peu de bien que nous y avions apporté, et m'obliger à la fin de les abandonner pour retourner à Killerine. C'était pénétrer bien avant dans l'avenir, que de porter déjà si loin ma prévoyance et mes craintes; mais si l'on considère, comme je faisais alors, qu'après m'être engagé au voyage de France, presque malgré moi, et sans autre motif que mon affection pour ma famille, j'avais droit d'attendre que je trouverais toujours dans mes frères et dans ma sœur la docilité et la soumission qu'ils m'avaient promises, on ne sera pas surpris que je fusse vivement piqué du changement de leurs manières, et que je donnasse une si mauvaise explication aux premières apparences du déréglement de leur conduite. Aussi pris-je sur-le-champ la résolution de m'expliquer avec eux, et de leur déclarer nettement qu'ils n'avaient point de fond à faire sur moi, s'ils ne répondaient aux idées qu'ils m'avaient fait concevoir en Irlande.

Je priai M. des Pesses de se retirer, pour me laisser la liberté d'exécuter mon dessein. Je les fis appeler aussitôt tous trois; et quoique je n'eusse rien appris sur le compte de Patrice qui méritât aussi mes reproches, je crus qu'une leçon de morale ne pouvait lui être inutile. Ils vinrent. Je leur recommandai d'un ton honnête d'écouter avec attention quantité de choses importantes que j'avais à leur dire. Je commençai par leur rappeler dans quelles dispositions ils m'avaient témoigné qu'ils étaient lorsqu'ils m'avaient fait la première proposition du voyage de France. Vous avez su me persuader, leur dis-je, que votre vue était d'accorder les devoirs de votre religion avec ceux de votre naissance; c'est-à-dire, de chercher un pays où vous puissiez espérer de vous rendre propres à quelque chose dans le monde, sans être obligés de quitter la foi de vos ancêtres, pour vous attirer les faveurs de la fortune. J'avoue qu'un tel motif à pu vous faire souhaiter avec raison d'abandonner votre patrie. Pour moi, vous savez quel a été le mien. Je n'en ai point eu d'autre que ma tendresse pour vous, et le souvenir des promesses que j'ai faites à un père expirant. J'étais tranquille à Killerine. L'ambition ne me portait à rien qui ne s'accordât avec lés devoirs de ma conscience. Ma fortune était bornée par mes propres désirs. Cependant je n'ai pas fait difficulté d'abandonner mon emploi, le seul peut-être qui convenait à mes inclinations, pour me rendre le chef et le guide de vos entreprises. C'est la qualité que vous m'avez forcé d'accepter. Mais vous souvenez-vous à quelles conditions j'y ai consenti? La première était que vous prendriez ici toutes voies qui conviennent à l'honneur et à la religion pour vous conduire à quelque établissement. La seconde, que vous n'entreprendriez rien sans me communiquer vos desseins, et sans avoir reçu mes conseils. Si vous avez été fidèles à ces deux promesses, je le serai à toutes les miennes, et j'attends du Ciel qu'il bénira nos entreprises. Mais si vous êtes déjà tels que j'ai honte de vous le reprocher, et que vous rougirez sans doute de me l'entendre dire, comment vous flattez-vous que je puisse approuver vos désordres, et conserver la moindre liaison avec vous? Alors, sans leur laisser un moment pour se reconnaître, je leur répétai tout ce que j'avais appris de M. des Pesses, et j'affectai de donner un tour odieux aux circonstances mêmes les plus légères et les plus excusables. Une fille, dis-je à ma sœur, qui, dans moins de quinze jours, a renoncé à toute bienséance et à toute pudeur, qui va se livrer d'elle-même aux caresses et aux flatteries des hommes, qui se trouve en liaison tout d'un coup avec le seigneur le plus débauché de la Cour; un jeune homme, continuai-je avec la même chaleur en m'adressant à mon frère, qui se rend le ministre des mauvaises inclinations de sa sœur, qui lui ouvre lui-même le chemin de la débauche, qui cherche volontairement à se perdre, et qui entraîne toute sa maison avec lui dans le précipice; quelle étrange manière de travailler à s'établir en France par les voies de l'honneur, et pour la cause de la religion; ou plutôt quel horrible commencement de ruine et d'infamie !

On voit que mes reproches les plus vifs tombaient sur Rose, quoique ce fût Georges sans doute qui fût le plus coupable. Mais je ne faisais point cette différence sans dessein. L'honneur des personnes de son sexe étant plus délicat que celui des hommes, et les précautions par conséquent plus nécessaires pour assurer leur conduite et leur réputation; j'étais bien aise d'effrayer ma sœur par les plus affreuses images du vice et de la honte, et de grossir un peu son imprudence et ses fautes. Aussi fut-elle si frappée de mon discours, qu'elle se mit à verser un ruisseau de larmes, tandis que Georges employait tout son esprit pour donner un tour favorable à ce qu'ils avaient fait ensemble. Il avait cru, me dit-il, que suivant le projet que nous avions formé, dès l'Irlande, de marier Rose honorablement, ou de la placer auprès de quelque dame de distinction, il était à propos qu'elle se fît voir dans le monde, et qu'elle s'y fît quelques connaissances; qu'il l'avait menée, dans cette vue, à la promenade et la comédie; qu'il n'avait pu empêcher qu'elle n'y fût traitée civilement par plusieurs personnes de qualité et d'honneur; qu'au reste, il ignorait quel était ce seigneur débauché avec lequel je l'accusais d'être en liaison; qu'à la vérité monsieur le duc de...., après s'être approché de Rose, et s'être informé du nom de notre famille, leur avait fait à tous deux des offres d'amitié et de service, et leur avait proposé de les produire à l'hôtel de....; que c'était sans doute une maison où l'on pouvait entrer sans honte; qu'ils y avaient été reçus avec distinction, et que devant penser à faire leur entrée dans un certain monde, c'était un bonheur pour eux d'en avoir trouvé si facilement l'occasion; qu'il s'applaudissait en particulier d'avoir obtenu, à si peu de frais, l'estime et la protection d'un seigneur tel que le duc de...; qu'il lui avait promis de prendre en main les intérêts de notre famille, et qu'il avait poussé la bonté et la complaisance jusqu'à s'informer du détail de nos affaires et du lieu de notre demeure; enfin, que ne voyant rien dans tout ce qui s'était passé qui méritât le nom de désordre, de crime, de débauche, il était surpris de la dureté avec laquelle je le traitais, et des titres odieux que j'avais donnés à sa conduite.

Si cette apologie était sincère, il est certain que je ne pouvais l'accuser que d'imprudence. Peut-être ignorait-il encore le caractère du duc, et le danger auquel il venait d'exposer sa sœur. Cette pensée me fit adoucir un peu mes expressions. Je veux bien avouer, lui dis-je, que vos intentions peuvent vous rendre plus excusable; mais elles n'empêchent point que vous n'ayez tort dans le fond, puisque ce qui pouvait convenir ici à vos intérêts était tout-à-fait contraire à l'honneur de Rose. Avec quelque sagesse qu'elle ait pu se conduire, quelle opinion a-t-on dû prendre d'une fille qui a choisi pour guide, aux premiers pas qu'elle a faits dans le monde, un seigneur décrié par ses vices; qui s'est fait présenter par sa main, qu'on a vu sortir avec lui de son carrosse, et qui a passé familièrement toute la nuit à l'entretenir? Je vous apprends, ajoutai-je en regardant Rose, que, soit injustice ou raison, les jugemens du monde se forment toujours sur les premières démarches. Peut-être le coup mortel est-il déjà porté à votre réputation. Ignorez-vous que cette perte ne se répare jamais ? D'ailleurs, pour peu que vous eussiez réfléchi tous deux sur la situation présente de notre fortune, vous auriez dû juger que ce n'est point par la comédie et par le bal qu'il faut commencer l'ouvrage de notre établissement. Si ces frivoles occupations sont quelquefois pardonnables, ce n'est peut-être qu'après qu'on a satisfait à tous ses devoirs ; et le plus important des vôtres est de vous attirer les faveurs du Ciel, par une conduite réglée qui vous fasse mériter ici l'estime et la protection de honnêtes gens.

Je ne m'arrête à ce détail que pour justifier ma propre conduite, et pour faire voir qu'il n'y avait point d'injustice dans mes plaintes, ni trop de rigueur dans mes conseils. Cependant je ne pus réussir à les faire goûter à mon frère. Il s'obstina à prétendre que je ne devais point le condamner d'avoir profité d'une si heureuse occasion de se faire des amis et des protecteurs ; et pour ce qui regardait l'honneur de Rose, il soutint, avec la même opiniâtreté, qu'elle n'avait pu donner le moindre fondement aux soupçons ni à la médisance, lorsqu'elle était avec lui, et qu'elle s'était comportée avec la retenue qui convenait à son sexe.

Nous nous séparâmes assez mal satisfaits l'un de l'autre. Rose me fit quelques excuses en quittant ma chambre, et j'eus du moins la satisfaction de croire qu'elle avait reçu mes avis plus docilement que son frère. Ce n'est pas que je le soupçonnasse dans le fond de s'être rien proposé de contraire au devoir, ni d'être moins jaloux que moi de l'honneur de sa sœur ; mais je remarquais avec chagrin que nos idées sur cet article étaient tout-à-fait différentes. Il n'attachait l'honneur d'une femme qu'à la sagesse extérieure de la conduite et des manières ; et ne redoutant que la censure des hommes, il croyait la réputation de sa sœur en sûreté, lorsque le dehors était à couvert. Pour moi, qui considérais les choses d'un autre œil, je faisais peu de fond sur des vertus qui ne tirent pas leur source de plus loin ; et connaissant surtout le caractère de Rose, je craignais avec raison que son cœur ne fût capable de s'amollir ; d'où il arriverait tôt ou tard, que, malgré son courage à sauver les apparences, elle se trahirait par quelque faiblesse, ou qu'elle aurait du moins à combattre infiniment pour s'en défendre. En effet, je ne m'imagine rien de si affreux que la condition d'une femme aimable, lorsqu'étant faible par le cœur elle sent en même temps la nécessité des lois qui l'obligent à se contraindre. Quel horrible état que d'avoir sans cesse de la violence à se faire, pour dérober aux yeux d'autrui ce qu'on se plaît à nourrir délicieusement dans soi-même!

J'aurais donc souhaité, pour assurer tout à la fois le repos et la vertu de Rose, qu'elle n'eût commencé à voir le monde que par des degrés. Son intérêt n'ayant pas eu moins de part que celui de ses frères à la résolution que j'avais prise de quitter l'Irlande, j'aurais eu le temps de fortifier son cœur, ou de l'armer du moins de défiance et de précaution. Mais depuis notre arrivée à Paris, Georges avait pris sur elle un certain ascendant qui me fit craindre de la trouver moins docile; et s'il était capable, par sa vigilance et ses conseils, de faire d'elle une femme sage, suivant les idées du monde, il n'était propre à rien moins qu'à la rendre vertueuse.

Malgré le petit ressentiment qui nous restait peut-être à tous deux, nous ne laissâmes pas de nous voir à l'heure du dîner avec les marques de notre affection ordinaire. J'observai ensuite la coutume que j'avais de me retirer à ma chambre, pour y passer seul une partie de l'après-midi. J'y étais depuis une heure ou deux, lorsque j'entendis le bruit d'un carrosse qui s'arrêtait à la porte du logis, et la voix de plusieurs personnes qui s'informaient où demeurait ma sœur. Je mis la tête à la fenêtre au moment qu'on leur apprenait qu'ils étaient chez elle, et je vis descendre du carrosse un homme vêtu magnifiquement, qui se fit introduire dans la maison. Je ne pus douter un instant que ce ne fût M. le duc de... Une visite si peu prévue me jeta dans une étrange surprise, et j'eus peine à me persuader d'abord qu'une fille de l'âge de Rose osât l'accepter. Je m'attendais du moins que Georges trouverait quelque moyen de la faire disparaître, et que se présentant aussitôt pour recevoir M. le duc, il lui ferait civilement les excuses de sa sœur. Tout ce que j'attendais n'arriva point. Ce fut Georges à la vérité qui reçut le Duc, mais Rose ne se fit pas presser pour paraître, et son frère ne pensa pas même à l'en détourner. La conversation dura plus d'une heure, et me parut durer à moi plus de quatre jours. J'employai tout ce temps à me promener à grands pas dans ma chambre. J'en fis cent fois le tour, sans faire réflexion si j'étais assis ou debout. L'inquiétude, le chagrin, l'impatience, et cent autres mouvemens qui m'agitaient, rendirent cette heure une des plus insupportables de ma vie.

Enfin le départ de M. le duc me délivra de cette mortelle contrainte. Je ne veux pas le dissimuler. Soit charité chrétienne, soit tendresse pour ma sœur, soit zèle pour l'honneur de ma famille, je descendis brusquement de ma chambre, et gardant beaucoup moins de ménagemens que je n'avais fait la première fois, je fis à mon frère des reproches aussi vifs que ma crainte, et aussi pressans que le danger. Je ne balançai pas même à lui déclarer que si j'avais pris la démarche du jour précédent dans le sens le plus favorable, il ne m'était plus possible de m'aveugler sur ce qui se passait à mes propres yeux; que cette visite du duc de.... me paraissait concertée; que de quelques prétextes qu'on entreprît de la colorer, une personne de ce rang ne s'abaissait point à venir voir une jeune étrangère, sans biens, inconnue encore à Paris, s'il n'y était porté par des motifs plus forts que la civilité, et pour m'expliquer nettement, s'il n'avait des vues conformes à ses vicieuses inclinations ; que j'avais honte de pénétrer plus avant dans ce mystère d'infamie ; mais qu'à quelque prix que ce fût, et quelque moyen qu'il me fallût employer, j'empêcherais Rose, assurément, de s'écarter de son devoir, et je l'empêcherais bien lui-même de faire servir sa sœur de victime à son ambition.

Il m'écouta avec beaucoup de patience. Ensuite, paraissant fort affligé de la défiance que je marquais de l'honnêteté de ses vues, il me pria de lui rendre plus de justice, et de ne pas croire que l'honneur de sa sœur lui fût moins cher qu'à moi. Il convint même que la visite de M. le duc me déplaisait avec raison, et il me protesta que loin d'y avoir contribué le moins du monde, il prendrait des mesures certaines pour empêcher qu'elle ne fût renouvelée à l'avenir. Mais après cette espèce de réparation dont je commençais à être satisfait, je fus extrêment surpris de l'entendre changer de ton et de langage.

Mon frère, me dit-il, avec un air de prudence qu'il savait affecter mieux que personne, me permettrez-vous à présent de vous expliquer naturellement ce que je pense? J'ai mille raisons qui m'obligent au respect et à l'amitié que je vous porte; aussi remplirai-je toute ma vie ces deux devoirs. Mais je ne sais si je puis vous promettre la même docilité sur d'autres points. J'ai réfléchi sur les reproches dont vous m'avez accablé ce matin; et plus je m'examine, moins je m'en trouve digne. Nous ne considérons pas les choses du même côté. Vous êtes un homme d'église, un vénérable théologien, et je confesse que si nous étions destinés au même état, ma sœur et moi, nous ne pourrions mieux faire que de nous conduire par vos maximes. Mais notre connaissance et notre inclination nous destinant au monde, cette vocation demande une conduite toute différente. Croyez-moi capable, avec le peu de génie que vous me connaissez, de distinguer à présent ce qui convient à mon honneur et à ma fortune.

Je suis dans un âge, continua-t-il, où je n'ai plus un moment à perdre, si je veux arriver à quelque chose dans le monde. Ma sœur doit penser aussi à se produire, ou renoncer à tous les avantages qu'elle peut tirer de sa jeunesse et de sa beauté. Vous vous défiez de sa sagesse? C'est avoir trop mauvaise opinion d'elle. Pour moi, à qui il appartient sans doute autant qu'à vous, d'être sensible à l'honneur de notre maison, je me repose du sien sur sa propre vertu; et s'il lui arrivait d'être assez lâche pour nous déshonorer, je ne crains pas de le dire en sa présence, toute ma tendresse pour elle ne m'empêcherait pas de lui percer le cœur. Fiez-vous donc, ajouta-t-il, et sur elle et sur moi; et ne vous opposez point au succès de nos affaires, en condamnant les seuls moyens qui peuvent les faire réussir.

Ce discours, que Georges avait sans doute médité à loisir, et dont il parut s'applaudir après l'avoir fini, n'était propre qu'à exciter ma compassion. Je me hâtai de lui en montrer la faiblesse, en lui faisant apercevoir qu'il avait raisonné sur un faux principe : que cette grande différence qu'il mettait entre l'état ecclésiastique et celui d'un homme du monde, n'y était pas effectivement, puisque ce n'était que deux manières différentes de remplir les mêmes devoirs ; qu'un homme du monde et un homme d'église étaient deux chrétiens, dont l'un n'était pas moins obligé que l'autre à la haine du vice et à la pratique de la vertu ; qu'à la vérité, leurs occupations extérieures ne se ressemblaient pas ; mais que sans être les mêmes, elles devaient partir du même principe, qui est la nécessité de plaire à Dieu et de sauver son ame : en un mot, qu'il n'y avait point de condition où l'on ne fût obligé d'éviter les occasions du péché, et que par conséquent l'usage de mes maximes était aussi nécessaire pour ma sœur et pour lui, que pour moi-même. S'il est impossible, ajoutai-je, qu'ayant reçu une éducation chrétienne, vous ne sentiez pas la vérité de ce que je vous dis, jugez quel service vous rendez à votre sœur, en la conduisant sans précaution au milieu du danger. Elle y périra, et son malheur sera votre ouvrage. Vous lui percerez le cœur, dites-vous, si elle oublie son devoir. Etrange remède ! Ne voyez-vous pas qu'il suppose sa ruine déjà consommée, et qu'il est question d'en trouver un qui puisse la prévenir. Ne précipitez rien ; c'est l'unique faveur que je vous demande. Laissez à votre sœur le temps de reconnaître les précipices qui l'environnent : elle n'y tombera pas, du moins, sans avoir su qu'elle pouvait les éviter. N'allez point chercher les occasions, laissez les naître. Il y en a de nécessaires pour une personne du monde, je le sais bien ; mais la religion en diminue le péril, lorsqu'on la respecte assez pour ne s'y exposer qu'à regret ; au lieu qu'il est toujours extrême lorsqu'on y court volontairement.

Cette conversation qui dura beaucoup plus long-temps, et dans laquelle j'attaquai les misérables principes de Georges avec les plus fortes armes du christianisme ne fit aucune impression sur son esprit. Il me fit connaître, par toutes ses réponses qu'il se croyait supérieur à mes petites craintes; que sa religion était l'honneur; ou que s'il y mettait quelque différence, elle n'était point à l'avantage de la religion, puisque c'était par ses fausses idées d'honneur qu'il en expliquait les lois et les devoirs. Nous nous trouvâmes si peu d'accord en nous séparant, qu'il traita mes raisonnemens de scrupules monastiques; et que l'ayant menacé de le quitter pour retourner à Killerine, il me répondit froidement qu'il n'avait pas dessein de s'opposer à mon départ.

J'essuyai sans me plaindre, une marque si dure du refroidissement de son affection. Il partit le même soir pour Saint-Germain-en-Laye, où nous étions convenus, quelques jours auparavant, qu'il irait rendre visite à M. de Mahony, à M. Dillon, et à quelques autres gentilshommes, parens ou amis de notre maison. Je sus, après son départ, qu'il avait entretenu long-temps sa sœur en particulier, et qu'il avait donné ordre aux deux domestiques qui nous servaient, de veiller le lendemain à la porte du logis, pour recevoir M. le duc de..., s'il lui prenait envie d'y revenir, et pour lui dire honnêtement que Rose était allée avec lui à Saint-Germain. Cette attention me fit plaisir, et me rendit plus tranquille. Je ne manquai pas de prendre occasion de son absence, pour répéter mes exhortations à ma sœur. Elle m'écouta avec beaucoup de douceur et de soumission. M'étant aperçu le lendemain qu'elle avait reçu la visite de quelques femmes, qui lui avaient apporté diverses sortes d'habits et de coiffures, je lui demandai à quel usage elle destinait tant de bagatelles. Il me parut que cette question l'embarrassait. Cependant, comme elle avait le cœur incapable de déguisement, elle me dit, après un léger préambule où elle apportait la volonté de Georges pour excuses, qu'elle s'était engagée à se trouver, avec lui, au bal qui se donnait deux ou trois jours après chez M. le duc de....; et que pour y paraître avec quelque bienséance, elle se faisait habiller proprement. La perte d'une partie de notre bien m'aurait moins affligé que cette nouvelle. Je lui remis devant les yeux, avec plus d'ardeur que jamais, tout ce qu'elle avait à craindre dans ces assemblées dangereuses, à l'âge où elle était, avec si peu de connaissance du monde, et des piéges qu'on allait tendre à son innocence. Je la conjurai d'être sensible aux intérêts de son ame; de prendre quelque temps du moins pour se préparer au passage d'une vie telle qu'elle l'avait menée jusqu'alors, à celle où l'on voulait malheureusement l'engager; de ne pas franchir en un moment toutes les bornes, au risque d'être abandonnée par le Ciel, dont elle négligeait d'implorer le secours, et qui ne pouvait l'accorder naturellement à des démarches si indiscrètes et si téméraires; enfin, si mes prières et mes instances ne suffisaient pas, je lui déclarai que j'y ajoutais mes ordres, et que, par le droit que me donnaient ma profession, mon âge et ma qualité d'aîné, je lui commandais absolument de renoncer à sa partie de danse, et de ne pas sortir du logis sans ma permission.

Quelque chagrin que je ressentisse de me voir obligé d'employer un remède si dur, je le crus indispensable; et je ne doutai pas du moins qu'il ne produisit l'effet que je m'étais proposé. Cette pensée guérit mon inquiétude ; elle me porta même à laisser Rose plus tranquille, parce que, ne doutant point que ce petit sacrifice ne coûtât quelque chose à son cœur, je m'imaginai qu'il y aurait de la dureté à la fatiguer encore par ma morale. Georges arriva de Saint-Germain deux jours après. Je le reçus sans affectation; et feignant de ne plus songer au passé, je ne l'entretins que du sujet de son voyage, et je laissai à Rose le soin de lui apprendre les changemens qui s'étaient faits dans son absence. Ils ne tardèrent point à se voir en particulier : ils en avaient pris l'habitude depuis quelque temps, car Patrice n'entrait pour rien dans leurs projets. Après un entretien de quelques momens, Georges sortit de la chambre de sa sœur, et peu après du logis. Il revint au bout d'une heure dans un carrosse de louage. Etant descendu, il ne s'arrêta dans la maison qu'aussi long-temps qu'il fallait pour prendre ses habits, ceux de sa sœur, avec la moitié de la somme qu'ils avaient apportée d'Irlande ; et se faisant accompagner de Rose qu'il conduisait par la main, il remonta dans le carrosse avec elle, et ils s'éloignèrent aussitôt du quartier. »

Il laissa pour moi, à la porte, un billet qu'on m'apporta tout ouvert. Il ne contenait que trois lignes. « Indigné, disait-il, « de la tyrannie avec laquelle je le trai- « tais, lui et sa sœur, il prenait le parti « de s'établir d'un autre côté avec elle; « et pour observer toute justice, il avait « fait un partage égal de notre bien, dont « il laissait la moitié pour Patrice et pour « moi.

J'étais à lire dans ma chambre, et j'attendais l'heure du souper avec impatience, pour savoir de quelle manière il aurait pris la défense que j'avais faite à Rosc. Comme rien n'était si éloigné de mes idées qu'une trahison de cette nature, ma défiance ne s'était pas même tournée de ce côté-là ; de sorte que ma surprise, ma douleur et ma confusion furent extrêmes à la lecture de ce fatal billet. Je levai les yeux et les mains au Ciel. O Dieu! m'écriai-je, est-ce là le prix de la tendresse que j'ai toujours marquée pour eux! Les ingrats! Ils réservaient donc cette récompense à mes soins et à mon affection? Je me trouvai si ému, que je sentis des pleurs couler de mes yeux, et que je fus incapable, pendant quelques momens, de former aucune résolution.

Lorsque je fus un peu remis de ce premier trouble, je crus qu'il n'y avait point deux partis à prendre pour moi, et que je ne devais plus penser qu'à retourner promptement à Killerine. Quel motif pouvait m'arrêter à Paris? Ils veulent se perdre, disais-je; ils ont secoué le joug; et s'ils n'ont eu que du mépris pour les saintes maximes que j'ai tâché de leur inspirer, quelle voie me reste-t-il à prendre pour les rappeler à leur devoir ? Non. Je retournerai en Irlande. J'irai me dévouer au salut de mon troupeau. Le champ n'est que trop vaste pour mon zèle, et mes peines n'y seront pas payées d'ingratitude et de perfidie. Je me confirmai d'autant plus dans cette résolution, que connaissant l'humeur douce de Patrice, je ne doutai point qu'il ne consentît volontiers à reprendre avec moi le chemin de notre patrie. Ainsi j'espérais du moins de sauver une branche de ma malheureuse famille, et de ne pas reparaître au tombeau de mes pères sans avoir à leur offrir quelque reste encore pur de leur sang.

Aussi long-temps que je continuai d'être agité par ces premiers mouvemens, je ne fis que m'applaudir du dessein que j'avais pris de quitter la France; et je le communiquai même à Patrice, qui ne marqua point d'éloignement pour la proposition que je lui fis de m'accompagner. Mais lorsque mon sang fut tout-à-fait refroidi, je commençai à envisager les cheses d'un œil tout différent. Je rappelai toutes les raisons qui m'avaient paru assez puissantes pour me déterminer à partir de Killerine, et à suivre en France mes frères et ma sœur. Etaient-elles changées par leur mauvaise conduite? ou plutôt n'en était-ce pas une nouvelle qui rendait les premières beaucoup plus fortes? Si j'avais cru les obligations de la nature plus sacrées que celles de mon emploi; si je m'étais arraché pour quelque temps au soin de mon troupeau, dans la seule vue de diriger mes frères vers quelque fin honnête et utile, et de leur faire éviter le chemin trop aisé du vice; enfin, si je les avais regardés comme mon prochain le plus cher, même en les considérant avec les yeux de la foi, et suivant les règles de l'évangile, devais-je renoncer à ces sentimens, lorsqu'étant si proches de leur perte, le danger où je les voyais était plus capable que jamais d'échauffer mon zèle? Ils étaient dans le précipice, et ma charité allait s'éteindre. Quelles avaient donc été mes vues, lorsque j'avais fait tant d'efforts pour les empêcher d'y tomber ?

Je me trouvai tout différent après ces réflexions. Toute ma tendresse pour mon frère et pour ma sœur venant à se réveiller, je sentis renaître en même temps une inquiétude si vive pour l'intérêt de leur ame, que je ne pus goûter, pendant toute la nuit, un moment de sommeil. Mon sang était brûlant dans mes veines. Rien ne m'était si à charge que le repos. J'éprouvai que le zèle est en effet un feu dévorant, surtout lorsqu'il est joint à la tendresse naturelle qu'on a pour ses proches, et que le cœur ressent ainsi tout à la fois l'impression de ces deux causes. Loin donc de penser davantage à les abandonner, je résolus de recommencer avec une nouvelle ardeur à leur inspirer le goût de la vertu ; de les chercher en quelque lieu qu'ils se fussent retirés ; d'essuyer leurs froideurs, leurs refus, leurs mépris même et leurs injures, plutôt que de renoncer à l'espoir de leur faire goûter mes conseils ; enfin, de me proposer leur salut comme l'objet continuel de ma vigilance et de mes soins; et si je n'étais pas assez heureux pour les éloigner du vice, d'empêcher du moins qu'ils ne s'y livrassent sans remords.

Je ne m'occupai plus que du moyen d'exécuter cette résolution. Mais en méditant sur les difficultés de mon entreprise, je conçus qu'après la démarche que Georges avait faite, et surtout avec la confiance qu'il avait dans ses propres lumières, il ne fallait pas espérer de le gagner tout d'un coup par la force de mes raisons. Il était d'ailleurs dans un âge où je ne pouvais plus prétendre qu'il fût obligé de se conduire par les conseils d'autrui, ni lui faire regarder la déférence que je lui demandais pour les miens comme un devoir. Cependant le danger de sa sœur était pressant; car je me figurais déjà qu'ayant la liberté de suivre ses inclinations, elle avait besoin à tout moment d'un secours extraordinaire du Ciel pour n'en pas faire un mauvais usage. Cette pensée me fit naître un dessein fort hardi : ce fut de l'enlever à Georges, et de la faire rentrer sous le joug malgré elle-même, en me proposant néanmoins de la traiter avec tant de douceur et de complaisance, qu'elle n'eût point à se plaindre de ma conduite. Comme il m'était impossible d'exécuter ce dessein sans secours, je m'ouvris à Patrice et à M. des Pesses, qui était mortellement affligé de sa fuite, et qui se consumait de chagrin et d'amour. Je n'eus point de peine à les faire entrer tous les deux dans mes vues. Ils se chargèrent d'abord de découvrir le quartier que Georges avait choisi pour demeure, et nous remîmes à prendre les mesures nécessaires lorsqu'ils auraient acquis cette connaissance.

Ce n'était pas une entreprise facile dans l'étendue d'une ville comme Paris. Ils s'y employèrent pendant quelques jours avec beaucoup de zèle, mais inutilement. Enfin, le hasard fit tomber Patrice sur les traces de son frère. Il l'aborda civilement. L'autre affecta de marquer quelque surprise de le voir encore à Paris. Comment, lui dit-il, après l'empressement que j'ai vu au doyen pour retourner à Killerine, et avec l'attachement que je vous connais pour lui, je vous croyais partis l'un et l'autre. Patrice répondit naturellement que nous aurions été fâchés de quitter Paris sans savoir du moins ce que Rose et lui étaient devenus. Quoi, vous l'ignorez! reprit-il du même ton. Apprenez donc que je suis devenu capitaine d'infanterie, et que j'en ai l'obligation à M. le duc de..... qui s'est employé en ma faveur auprès du ministre. Pour Rose, ajouta-t-il, il n'y a point encore de changement dans sa condition; mais j'espère que les occasions ne tarderont point à se présenter, et que nous choisirons les meilleures. Ensuite, tâchant de prendre Patrice par ses propres intérêts, il lui représenta qu'il avait tort de ne pas suivre son exemple, et de se flatter que la fortune l'irait chercher sous ma robe, pour lui offrir d'elle-même ses faveurs; qu'à la vérité j'étais louable dans mes intentions, et qu'il n'avait jamais douté de mon zèle et de mon amitié; mais qu'ayant eu toute ma vie les yeux sur mes livres, j'étais moins propre que je ne le croyais à régler leur conduite et leur établissement dans le monde; que sa vue néanmoins, en nous quittant, n'avait pas été de rompre tout-à-fait avec nous, ni de nous abandonner avec le peu de bien qu'il nous avait laissé; que sa fortune prenant un train fort heureux, et ne pouvant manquer de prospérer de jour en jour, il se proposait, aussitôt que ses affaires le permettraient, de nous offrir sa maison, et de partager avec nous les fruits de son bonheur et de son industrie; qu'en attendant, si Patrice se voulait un peu de bien à soi-même, il viendrait prendre quelquefois ses conseils, dont il pourrait tirer plus d'utilité que des miens.

Si j'eusse été témoin de cette conversation séduisante, j'aurais fort appréhendé qu'elle n'eût fait trop d'impression sur l'esprit de Patrice. Mais grâce à l'excellence de son caractère, elle ne changea rien à ses sentimens. Il se contenta de marquer beaucoup de reconnaissance pour les offres de son frère ; et dans la crainte de lui faire naître quelque défiance s'il s'informait trop curieusement de sa demeure, il le quitta dans le lieu même où il l'avait rencontré. Cependant il eut soin de le suivre à vue d'œil, résolu de ne pas l'abandonner jusqu'à sa maison, et il ne revint à la nôtre qu'après s'être assuré de ce qu'il cherchait. Le récit de ce qu'il avait appris de Georges n'était propre à rien moins qu'à m'inspirer de la joie. Si j'étais satisfait d'entendre que la fortune eût déjà fait quelque chose en sa faveur, la main dont elle s'était servie m'était suspecte, et j'avais peine à concevoir d'où venait cette ardeur de M. le duc de..... à prendre les intérêts d'un étranger. Ce n'est pas que je n'eusse la plus haute idée du monde de la politesse et de la générosité des seigneurs français ; mais j'aurais souhaité de ne pouvoir attribuer des bienfaits si inespérés qu'à cette cause. Je me rassurai néanmoins en apprenant que la demeure de Rose était connue de Patrice, et je commençai à chercher sérieusement par quels moyens nous pourrions tromper la vigilance de Georges. M. des Pesses nous quitta aussitôt qu'il eut entendu le récit de Patrice, sous prétexte d'aller reconnaître la situation du logis de ma sœur, et de voir s'il ne se présenterait rien qui pût servir à nos desseins; mais, dans le fond, pour satisfaire l'impatience qu'il avait d'approcher d'elle et de la revoir. Il revint vers le soir, dans le temps que je méditais avec le plus d'ardeur sur le parti que j'avais à prendre.

Il avait vu Rose. La joie qu'il avait eue de la voir brillait encore dans ses yeux. Il nous dit qu'après avoir passé quelque temps dans le voisinage de sa maison, il l'avait vu sortir avec son frère, et qu'il avait été ébloui de sa parure et de sa beauté. Il voulait nous en faire la description, que je lui priai d'abréger. Les ayant vu monter en carrosse, il les avait suivis, pour s'instruire de leur dessein. Ils étaient descendus à l'hôtel de Carnavalet, qui était dans le même quartier; et s'étant informé de ce qui avait pu les y conduire, il avait appris qu'un grand nombre de personnes de distinction devaient y souper, et qu'il y aurait ensuite un grand bal, où les masques seraient admis en se faisant connaître à la porte. J'admirai l'aveuglement de Georges, qui semblait prendre plaisir à faire avaler le poison à sa sœur, et qu'il choisissait comme à dessein les occasions les plus dangereuses pour son innocence. Qu'aurait-il pu s'imaginer de plus funeste, si c'eût été la haine qui lui eût fait chercher les moyens de la perdre? Mais pendant que je gémissais sur sa conduite, le Ciel m'inspira l'envie de le punir en lui enlevant Rose au milieu même de ses plaisirs. Le projet, les moyens, tout se présenta dans le même moment à mon esprit. Je connaissais peu les usages du bal; mais je m'imaginai qu'une assemblée si nombreuse ne pouvait être sans quelque confusion, surtout lorsqu'on commencerait à recevoir les masques. Je persuadai à Patrice et à M. des Pesses de se masquer, et d'aller au bal. Faites ici un billet, dis-je à Patrice, que vous ferez donner à votre sœur, lorsque vous serez à la porte de l'hôtel, pour la prier de vous faire introduire. Si elle vient vous recevoir elle-même, cela suffit pour mes vues. Mais comme il est à craindre qu'elle ne vous fasse recevoir par un autre, vous ferez demeurer M. des Pesses à la porte ; et lorsque vous serez introduit, vous la prierez, en secret, de quitter un moment la salle, pour rendre le même service à M. des Pesses, à qui vous lui ferez croire qu'on refuse absolument l'entrée. Je serai moi-même à la porte dans un carrosse, et je prends sur moi le soin de tout le reste. Si elle vous conseille de vous adresser à votre frère, dites-lui que vous voulez lui laisser ignorer que vous êtes si proche de lui ; et que vous attendez ce service d'elle-même.

Pour l'intelligence de cette entreprise badine, sur laquelle je passerais plus légèrement, si sa fin ne me l'eût fait croire importante, je dois faire remarquer au lecteur que les ecclésiastiques romains n'ayant point la liberté en Irlande, non plus qu'en Angleterre, de porter l'habit propre de leur état, j'étais encore vêtu comme ils le sont ordinairement, c'est-à-dire, en habit court, sans aucune différence d'avec les laïques. J'attendais, pour en prendre un plus canonique, que nos affaires fussent dans une certaine situation qui ne me permît plus de douter de notre établissement en France. Je pouvais donc, sans blesser la bienséance, paraître au milieu de la nuit à l'hôtel de Carnavalet. Pour ce qui regarde l'espérance que j'avais d'enlever Rose avec si peu de mesures et de précautions, elle n'était fondée que sur la connaissance de son caractère, et sur l'habitude où elle était de me respecter. J'étais sûr qu'elle ne se ferait point traîner avec violence, lorsqu'elle entendrait ma voix, et qu'elle recevrait de moi-même l'ordre absolu de me suivre. Ainsi, j'étais sans inquiétude pour le succès de mon dessein.

En effet, il réussit aussi heureusement que je l'avais espéré. La multitude et la confusion n'étaient pas si grande au bal que je m'y étais attendu ; mais je reconnus que c'était un avantage pour notre entreprise, parce que la crainte eût peut-être empêché Rose de quitter la salle. Une pistole que je donnai au portier me fit obtenir la liberté d'entrer dans la cour. Rose parut avec Patrice à la porte de l'appartement ; et dans le temps qu'elle chargeait quelques domestiques de faire ouvrir à M. des Pesses, je me présentai à elle de l'air le moins propre à l'effrayer. Je pris ses mains avec beaucoup de douceur. Ma chère sœur, lui dis-je en les serrant tendrement, ne vous alarmez pas de me voir, je ne vous importunerai qu'un moment. Je ne suis pas ici pour vous causer du chagrin, ni pour vous faire violence. Vous êtes libre, vous êtes maîtresse de vous-même. Mais si la crainte de Dieu vous touche encore, si le souvenir de votre père, l'honneur de votre famille et vos propres sentimens ont encore quelque pouvoir sur vous, accordez-moi la satisfaction de vous voir rentrer aujourd'hui dans votre devoir. Voilà votre frère

Patrice qui vous en conjure avec moi. Venez : votre fuite nous a causé une mortelle douleur; il n'y a que votre retour qui puisse nous consoler. Je me tus, après avoir prononcé ces paroles avec beaucoup d'ardeur. Elle demeura quelques momens à répondre. Enfin, ouvrant la bouche avec un profond soupir : O Ciel! me dit-elle, à quoi voulez-vous m'obliger! A rien, me hâtai-je de répondre; c'est de vous-même que votre honneur, votre vertu, votre repos, dépendent ici. Venez, repris-je, venez ma chère Rose; je vais vous en conjurer à genoux, si mes prières et mes larmes ne suffisent pas pour toucher votre cœur. Elle me fit quelques objections sur l'inquiétude où nous allions jeter son frère. Je l'assurai que j'aurais soin de pourvoir à tout; et moitié déterminée, moitié irrésolue, je la conduisis vers la porte, où, sans perdre un moment, nous montâmes tous quatre dans le carrosse, qui nous attendait, et je fis toucher vers la porte Saint-Antoine, pour nous rendre aux Saisons. C'est le nom de la maison de campagne qui avait appartenue à M. de Lezeau.

Je m'applaudis extrêmement du bonheur que j'avais eu de réussir, et je regardai Rose pendant le chemin comme une victime toute parée que j'avais dérobée heureusement au sacrifice de sa vertu, et que je ramenais en triomphe. Pour elle, son air rêveur, et quelques soupirs qui sortaient de son cœur malgré elle, me faisaient connaître assez clairement qu'elle ne me suivait pas sans regret. M. des Pesses ayant entrepris de la rendre un peu plus gaie en lui adressant quelques discours galans et flatteurs, elle lui fit porter la peine de sa mauvaise humeur par ses réponses dures et ses manières chagrines. Je feignis de ne pas m'en apercevoir, assez content de la soumission qu'elle m'avait marquée, et sûr qu'un peu de tranquillité lui rendrait sa douceur ordinaire. Dès le lendemain j'écrivis quelques lignes à Georges pour l'empêcher de s'alarmer. Le tour de ma lettre n'était pas insultant; mais en lui apprenant que sa sœur était rentrée volontairement dans son devoir ; je l'exhortais à profiter de son âge et de ses lumières ; pour ne pas s'écarter davantage du sien.

« Mon dessein, lui disais-je, n'a jamais été de vous gêner, ni de vous forcer par la violence à suivre mes conseils. « C'est un ami qui veut se rendre utile à « votre bonheur, c'est un frère qui fait « ses propres intérêts des vôtres, c'est un « père et un pasteur spirituel qui n'a rien « de plus cher et de plus précieux que « vous ; car tous ces titres me conviennent à votre égard. Pourquoi donc vous « révolter contre ma tendresse, et me fuir « comme votre ennemi ? Pourquoi du « moins m'avoir enlevé votre sœur, sur « laquelle vous n'aurez jamais aucuns « droits tant que je serai capable de faire « valoir ceux que j'ai reçus de la nature, « par l'ordre de ma naissance, et ceux dont « notre père commun s'est remis sur moi « en expirant ? Je crains de vous rappeler « des circonstances qui vous causeraient « trop de honte. Souvenez-vous seule-

« ment qu'il n'y a guère plus d'une année
« que la mort nous a ravi ce bon père, et de-
« mandez-vous vous-même comment vous
« avez pu perdre sitôt le respect que vous
« deviez éternellement à sa mémoire. »

J'ajoutais que si ma lettre et ses propres réflexions lui faisaient renaître l'envie de bien vivre avec moi, il pouvait être assuré de me trouver peu sensible au passé, et d'être reçu aux Saisons avec toute l'amitié que je lui devais, et que rien n'était capable de me faire perdre. Je le félicitais aussi sur la faveur qu'il avait reçue nouvellement de la Cour, et je l'exhortais à s'en attirer d'autres par les moyens qui peuvent rendre un honnête homme content de sa fortune.

Il me fit réponse sur-le-champ. Son ressentiment, quoique déguisé, se faisait sentir à chaque mot. Il plaignait Rose, me disait-il, d'être condamnée au genre de vie que j'allais lui faire mener. J'en voulais faire apparemment l'épouse d'un marchand de vin ou de quelque paysan. Cela était bien éloigné des intentions de son père, que je faisais valoir avec tant de soin, et du but que nous avions de nous proposer en venant en France. Mais il cessait d'y prendre intérêt, puisque je l'assurais si fort qu'il n'avait aucun droit sur elle; et pour le sort que je lui destinais, il confessait qu'elle était beaucoup mieux dans mes mains qu'entre les siennes. Quant à la proposition de bien vivre avec moi, si j'entendais par-là de vivre sans haine et sans ressentiment, il me protestait qu'il y était sincèrement disposé : mais si je parlais de recommencer à vivre sous le même toit, il ne voyait point que cela fût nécessaire, ni même d'aucun avantage pour lui et pour moi-même. Il me souhaitait d'ailleurs toutes sortes de prospérités, et il demeurait avec ses sentimens ordinaires, etc.

Comme je n'avais point espéré qu'il pût être insensible à l'espèce d'affront que je lui avais fait, je résolus de laisser à sa bile le temps de se calmer, et de me reposer de notre réconciliation sur son bon naturel. Deux jours après, il m'envoya, par les mains d'un notaire, la moitié de la somme qu'il avait emportée en nous quittant, avec un billet par lequel il me priait de la recevoir au nom de Rose, à qui elle appartenait, et de reconnaître, par écrit, que je l'avais reçue. Je consentis à ce qu'il désirait, et je chargeai le notaire de lui dire, de la part de sa sœur, de celle de Patrice et de la mienne, que pour acheter le plaisir de le revoir et de vivre en bonne intelligence avec lui, nous sacrifirions volontiers, non-seulement cette somme, mais tout le bien qui était entre nos mains.

---

# LIVRE SECOND.

Les soins que j'apportai à l'embellissement de notre demeure, et la part que j'y fis prendre à Rose en la consultant sur tout ce qui pouvait lui plaire, dissipèrent bientôt le chagrin qu'elle avait eu de quitter Paris. Elle se fit du moins assez de violence pour le déguiser ; car une guérison si prompte et si facile devait m'être suspecte ; mais j'affectai de la croire sincère, assez content qu'elle fût capable de prendre un peu d'empire sur elle-même. Son indifférence pour M. des Pesses ne faisant qu'augmenter de jour en jour, je conseillai à ce jeune homme de modérer son ardeur, et d'attendre du temps un retour dont il ne fallait pas encore désespérer. Il est vrai qu'avec l'envie d'épargner les moindres peines à ma sœur, pour ne pas lui donner lieu de se repentir de la déférence qu'elle avait eue pour moi, il entrait de nouvelles vues dans le conseil que je donnais à M. des Pesses. La raison qui m'avait fait approuver son amour ayant été l'intérêt même de Rose, dont je croyais ne pouvoir assurer trop tôt l'établissement. Je me trouvai un peu refroidi par sa répugnance. Je ne pouvais désavouer que l'inégalité de la naissance ne fût une juste objection. Il m'avait paru qu'elle était balancée par les circonstances de notre fortune; mais c'était en supposant que l'inclination contribuât à la diminuer; car on ne se marie pas précisément pour être riche, et je souhaitais avant toutes choses que ma sœur fût heureuse.

Ces réflexions avaient d'abord renouvelé mon ressentiment contre Georges, que j'accusais de lui avoir fait perdre le goût qu'elle avait eu pour M. des Pesses. Elle était accoutumée à le voir. Son penchant pour lui aurait pris des forces, et elle se serait portée d'elle-même à recevoir ses offres. Cependant je considérais aussi qu'il n'avait jamais fait de grands progrès dans son cœur, puisqu'une distraction de quelques jours avait pu les ruiner. Un jeune homme se flatte sur les moindres apparences. Il explique tout en sa faveur. Une fille de l'âge de Rose, qui est encore sans précaution, parce qu'elle est sans expérience, donne quelquefois sur elle des avantages qu'elle ignore. L'ingénuité ne pense à rien, et l'amour propre dans les hommes se figure tout ce qu'il désire. Enfin quoique M. des Pesses m'entretînt tous les jours de son amour et de ses peines, je résolus de borner mes bons offices à le consoler.

Sa passion devint si violente, qu'étant tombé dans une maladie dangereuse, je crus qu'il ne fallait pas l'attribuer à une autre cause. Nous n'épargnâmes ni soins ni dépense pour rétablir sa santé, et Rose même parut s'y intéresser avec un zèle qui me surprit. J'en conclus qu'il s'était fait quelque changement dans son cœur, et je ne pus lui cacher ma satisfaction. Elle me répondit ingénument que son seul motif était la reconnaissance. Je l'estime, me dit-elle; je suis persuadée qu'il m'aime, et je crois lui devoir ce que je fais pour lui. Cette réponse me parut si peu vraisemblable, que je pris de ses sentimens une idée toute différente. Mais elle les confirma, quelques jours après, d'une manière qui guérit mes soupçons. M. des Pesses m'avait prié, dès les premiers jours de sa maladie, de marquer sa situation à ses parens, et je m'étais hâté de le satisfaire. Quoique j'eusse assez mesuré les termes de ma lettre pour ne leur pas causer de fausse alarme, une juste inquiétude pour la santé d'un fils unique fit partir aussitôt son père, et l'amena aux Saisons. C'était un vieillard respectable, dont la figure annonçait d'abord toutes les bonnes qualités qu'il avait communiquées à son fils. Je les laissai seuls. Leur entretien dura plus d'une heure. Enfin, m'ayant fait prier de reparaître, le père me pressa dans les termes les plus tendres de sauver la vie à son fils, en lui accordant ce qu'il aimait plus que lui-même. Il venait d'apprendre, me dit-il, avec quel respect il devait demander cette faveur pour un jeune homme qui nous était fort inférieur en naissance, et qui n'avait point d'autre fondement pour l'espérer que sa tendresse infinie pour Rose et l'amitié dont nous l'avions honoré; mais si le bien pouvait suppléer à quelque chose, il s'engageait à lui donner la valeur de deux cent mille livres en terres et en argent comptant, et à lui acheter une charge de vingt mille écus. Je l'interrompis pour l'assurer que les dispositions que j'avais marquées à son fils étant toujours les mêmes, il pouvait faire fond sur mon consentement, et que je me chargeais même de faire ces nouvelles propositions à ma sœur. Je la fis appeler, ne doutant presque pas que l'offre d'une fortune présente ne la déterminât sur-le-champ. Elle écouta tranquillement mon discours; mais loin de flatter le père et le fils de la moindre espérance, elle protesta civilement qu'elle n'aurait jamais pour eux d'autres sentimens que ceux de la reconnaissance et de l'amitié. Quelque dureté que M. des Pesses dût trouver dans cette déclaration, il fut si sensible aux attentions qu'elle continua de lui marquer pendant sa maladie, qu'il se rétablit, contre toute espérance.

J'avoue qu'après cette preuve de l'indifférence de Rose, tout devint obscur pour moi dans sa conduite. Je ne pouvais concevoir par quels motifs une personne de son âge et de son tempérament s'obstinait à refuser un jeune homme aimable, dont elle était sûre d'être aimée, et qu'elle faisait même profession de ne pas haïr; car depuis le nouveau témoignage qu'elle avait eu de sa passion par la violence de sa maladie, je lui trouvais plus de complaisance et d'égards pour lui, et j'aurais pris leur bonne intelligence pour le témoignage d'un amour mutuel, si le chagrin de M. des Pesses ne m'eût forcé d'en juger autrement. J'en marquai de l'étonnement à Patrice, qui ne m'avait jamais paru contraire aux desseins de M. des Pesses, et qui semblait être plus affectionné que jamais pour sa sœur depuis notre séjour aux Saisons. Il me fit une réponse si vague, et d'un air si contraint, que j'aurais pu concevoir quelque défiance, si j'eusse cru moins connaître son caractère; mais je le croyais uniquement occupé de sa mélancolie, de ses livres et des changemens continuels qu'il faisait au jardin et à la maison. Je comptais trop sur lui, et je ne me serais pas imaginé qu'un esprit et un cœur excellens fussent capables de tromper.

Dans toute ma vie, rien n'a tant contribué à mes erreurs et à mes peines que ce penchant trop crédule à présumer favorablement de la vertu d'autrui, surtout lorsque avec un peu d'étude pour démêler le fond d'un caractère, je croyais y découvrir des principes naturels de droiture et d'inclination pour le bien. Je n'ai pas connu les grandes passions par expérience, et sans cette clef l'on n'entre jamais parfaitement dans la science du cœur humain, qui ne consiste que dans la connaissance de leurs effets. Comment concevoir, avec un cœur tranquille, qu'il y ait des mouvemens capables de faire oublier des devoirs qu'on aime et qu'on ne viole pas même sans remords? Ainsi je me suis toujours reposé sur le caractère d'autrui presque autant que sur le mien; et lorsqu'il m'est arrivé d'en être la dupe, j'aimais mieux prendre l'erreur sur mon compte, en croyant que je m'étais trompé dans le jugement que j'en avais fait, que d'accuser la vertu d'inconstance ou de faiblesse. Fausse idée, qui suppose dans les hommes trop de bonté ou de malice, avec une constance dans l'une ou dans l'autre dont la nature est rarement capable. L'exemple de Patrice a fait plus pour mon instruction, que mes raisonnemens et toutes mes lumières.

Il était tel que je l'ai dépeint; mais entre mille qualités excellentes, il en avait deux que le moindre excès pouvait changer en défauts. L'une était cette complaisance qui le rendait d'un commerce aimable, mais qui l'exposait sans cesse à la séduction des conseils et des exemples; l'autre, son inquiétude continuelle, et ce besoin d'être fixé qui lui faisait saisir sans discernement tout ce qui semblait promettre à son cœur le repos qu'il cherchait. Ces deux ennemis de son bonheur et de sa vertu l'avaient déjà engagé dans plus d'une fausse démarche. Cependant les apparences m'imposaient encore. A la surprise que je lui marquai, il se contenta de répondre que, n'étant point le garant des inclinations de sa sœur, il était d'avis seulement qu'il ne fallait pas la contraindre ni l'importuner; mais qu'après la manière dont elle s'était expliquée, il y avait peu d'apparence qu'elle pût avoir changé de sentimens. Il ajouta que tous nos projets de mariage venant ainsi à manquer, il ne savait pas même si la bienséance nous permettait trop de retenir plus long-temps M. des Pesses auprès d'elle. Ce conseil fut insinué si adroitement, qu'il fit impression sur moi. Je convins que la réputation de Rose demandait des ménagemens. Il y avait près de six semaines que M. des Pesses était aux Saisons. Je résolus de l'avertir avec toute la franchise de l'amitié, qu'un si long séjour, qui ne paraissait pas devoir se terminer par le mariage, pouvait être mal interprété. J'étais sûr que sa politesse et le respect qu'il avait pour moi lui feraient étouffer les murmures de son cœur. En effet, après quelques plaintes de son infortune, il confessa que mes scrupules étaient justes, et il prit le parti de se retirer à Paris. Je ne lui refusai point la permission qu'il me demanda de nous venir voir souvent.

Patrice avait fait pendant ce temps-là divers voyages, tantôt à ma prière, tantôt pour ses propres vues. Je l'avais pressé d'aller souvent à Saint-Germain, où je me reprochais de n'avoir pas encore paru moi-même. Mon dessein avait toujours été de nous faire présenter au Roi Jacques par quelqu'un de nos parens, et j'avais jeté les yeux sur M. de Sercine, que ce prince honorait de sa confiance : mais je souhaitais ardemment que Georges voulût nous accompagner, et j'attendais avec impatience qu'il se portât de lui-même à notre réconciliation. J'avais donc chargé Patrice non-seulement de disposer M. de Sercine à nous rendre le service que j'attendais de lui; mais de se ménager aussi quelqu'entrevue avec son frère, pour lui représenter de quelle importance il était pour nous de mieux vivre ensemble, et de demander de concert la protection du Roi pour notre famille. Comme je ne lui voyais point autant de zèle que je le désirais pour ces deux commissions, du moins à juger par la froideur avec laquelle il me rendait compte de ses soins, j'attribuai cette nonchalance à son humeur naturelle, et je pris le parti d'aller moi-méme à Saint-Germain, où je vis M. de Sercine et M. Dillon pour la première fois. Ils ne me reçurent point en inconnu. Georges avait eu soin de leur faire le portrait de ma misérable figure. Ils me saluèrent même par mon nom, quoique je ne me fusse fait annoncer chez l'un et chez l'autre que sous le titre d'ecclésiastique Irlandais. Mais si je ne trouvai qu'un sujet de rire dans cette première circonstance de mes deux visites, je fus vivement affligé de me voir traité avec une froideur à laquelle je ne m'attendais pas. A peine me fit-on quelque offre de service. On ne m'entretint que du mérite de mes deux frères, et des témoignages de bonté qu'ils avaient reçus du Roi. On me parla aussi de la beauté de ma sœur, et de l'impatience avec laquelle elle était attendue à la Cour de Saint-Germain.

La crainte de me donner un nouveau ridicule en demandant l'explication d'un discours auquel je ne comprenais rien, me fit abréger les complimens. Je me retirai avec beaucoup d'inquiétude; et loin de passer huit jours à Saint-Germain, comme je me l'étais proposé, je ne pensai qu'à reprendre le chemin des Saisons. Il m'importait d'éclaircir promptement ce que j'avais entendu. Je concevais en général que j'étais trahi par Patrice, et joué par la fausse prudence de Georges : mais que devais-je penser de Rose? L'intérêt de cette chère sœur me causait une mortelle alarme. J'arrivai aux Saisons tout occupé de mes craintes. Comme j'en étais parti la veille, on était fort éloigné d'attendre sitôt mon retour.

En entrant dans la cour j'aperçus quelques laquais d'une livrée inconnue, deux carrosses et des chevaux qu'on achevait de dételer. J'avance vers la maison. On me reconnaît, et j'entends aussitôt le bruit des fenêtres et de la porte des salles qu'on fermait avec la dernière précipitation. J'en croyais à peine mes oreilles et mes yeux. Que prétendent-ils? disais-je; voudraient-ils m'exclure tout-à-fait du logis? J'entre. Personne ne se présente pour me recevoir. Je monte droit à mon appartement, sans avoir la force de chercher des éclaircissemens que je croyais déjà funestes, ni celle même d'appeler un domestique de la maison; car j'étais arrivé seul et à pied, après avoir quitté à Paris la voiture de Saint-Germain.

On demeura quelques momens dans un profond silence, pendant lequel on méditait apparemment sur la manière dont on devait se conduire avec moi. J'entendis enfin la voix de Patrice, qui demandait à quelque domestique où j'étais? Il monta ensuite à ma chambre. J'étais assis, la tête appuyée sur une main. Je ne quittai point cette posture; et sans ouvrir même les yeux, j'attendais avec beaucoup d'amertume qu'il m'expliquât ce que j'avais à espérer ou à craindre; car mes premiers soupçons étaient tombés sur Georges, et je m'imaginais bien que ce ne pouvait être que lui qui était venu pour m'enlever sa sœur. Mon silence et les marques de ma vive affliction touchèrent le tendre Patrice. Il demeura comme incertain s'il devait parler. Je levai les yeux sur lui. Mon premier regard le fit rougir. Enfin la bonté de son naturel l'emportant sur tous ses projets, il me dit ingénument qu'il savait la cause de mon chagrin, et qu'il avait honte de m'avoir trompé.

Et vous aussi, Patrice ! interrompis-je avec un profond soupir. Hélas! que vous ai-je donc fait ? Quelle raison aviez-vous de vous défier de moi ? Il convint qu'il était coupable, et il me promit la confession de toutes ses fautes. Mais ce qui presse le plus, me dit-il, c'est l'embarras où vous allez être, et où je suis déjà. Mon frère est ici. Je me suis engagé à favoriser le dessein où il est de mener Rose à Paris. Elle y consent. Je crains que vous ne puissiez vous y opposer sans vous attirer quelque nouveau chagrin. Je le pressai de s'expliquer davantage. Il me confessa que dans le premier mouvement de surprise et de confusion où les avait jetés mon retour imprévu, Georges l'avait chargé d'un air furieux de me venir déclarer qu'il ne serait pas deux fois ma dupe, et que si j'entreprenais de retenir Rose, je l'obligerais, malgré lui, à quelque violence. Quel parti prendre? me dit-il. J'ai toujours senti que je m'engageais imprudemment; mais je n'ai pu me défendre contre ses instances, ni résister à certaines promesses.

Quoique je sentisse toutes les difficultés de ma situation, je fus si satisfait de voir rentrer Patrice dans son devoir et dans mes intérêts, que je repris aussitôt l'espérance. Je remis toute autre question à des circonstances plus tranquilles, et ne pensant qu'au mal présent, je lui demandai si Georges était seul. Il me dit qu'il avait avec lui trois dames et deux gentilshommes, à l'un desquels on se proposait de marier Rose. Nouvelle témérité, qui me causa autant de douleur que d'étonnement. Marier Rose! m'écriai-je. A qui donc? et de quel droit prétend-on disposer d'elle, sans ma connaissance, et sans mon aveu? Il se hâta de répondre que je ne devais pas m'alarmer; que pour ce qui regardait ce mariage, Georges n'avait rien entrepris qu'avec l'approbation et le conseil de tous nos parens et nos amis de Saint-Germain; que le Roi lui-même y donnait son consentement, et que le parti était également honorable et avantageux pour notre sœur. Chaque mot d'un aussi étrange récit augmentait ma surprise et ma consternation. Mais, repris-je d'une voix altérée par le ressentiment, suis-je donc compté pour rien? Méprisez-vous jusqu'à ce point ma tendresse, mon caractère, et les droits de mon âge? D'ailleurs, marie-t-on une fille sans la consulter? sans qu'elle connaisse, sans qu'elle ait vu même l'époux qu'on lui destine? Il m'interrompit pour m'assurer que, par rapport à moi, l'on était résolu de m'informer de toute l'intrigue avant d'en venir à la célébration des noces; et que pour l'amant de Rose, il était venu si souvent la voir avec Georges, depuis notre séjour aux Saisons, qu'elle avait eu le temps de le connaître, et de prendre pour lui beaucoup d'estime.

Il ne manquait que ce dernier trait pour achever de me faire sentir que j'avais été misérablement leur jouet depuis notre départ de Paris. Je ne demandai point d'autre explication ; et prenant mon parti sans délibérer, je priai Patrice d'avertir son frère que je désirais impatiemment de l'entretenir en particulier. Il me satisfit, après m'avoir fait promettre que je ne révélerais de sa confidence que ce qui regardait le départ de Rose. Mais je fus aussi surpris que tout le reste, de le voir revenir tristement, pour m'annoncer que Georges refusait absolument de me voir, si je ne m'engageais à consentir au départ de ma sœur, et à bien vivre désormais avec lui. Ciel ! m'écriai-je, en y levant les yeux, vous êtes témoin de qui la paix dépend ici. Mais j'irai moi-même à lui puisqu'il refuse de venir à moi.

En effet, je descendis aussitôt, et malgré l'agitation de tous mes sentimens, je reçus du Ciel assez de force pour prendre un air calme et composé. J'entrai dans l'appartement, où l'on ne s'attendait à rien moins qu'à me voir, après la timidité qui m'avait fait chercher la solitude en arrivant. Georges parut déconcerté; Rose était tremblante; et tous les spectateurs, qui n'ignoraient pas la situation des affaires, èt qui avaient part au complot, se trouvèrent dans un certain embarras. Mais lorsque j'ouvris la bouche pour m'expliquer avec modération, tout ce que j'avais recueilli de fermeté m'abandonna à la vue de M. de Sercine sur qui le hasard fit tomber mes yeux. C'était ce même gentilhomme que j'avais vu à Saint-Germain le matin du même jour, notre proche parent, un homme âgé, un courtisan, qui avait la réputation d'être plein de sagesse et d'expérience. Je trouvai tout d'un coup d'œil, dans la complaisance qu'il avait d'accompagner Georges, la cause du froid accueil qu'il m'avait fait; et j'avoue que sa présence et ce souvenir me glacèrent tout d'un coup le sang. Il s'aperçut que mon embarras me liait la langue, en prenant lui-même la parole, il me pria de ne pas m'offenser de ce que son zèle pour notre maison et son amitié pour mes frères et ma sœur l'avaient fait entrer dans quelques mesures qui s'étaient prises, à la vérité sans ma participation; mais qui ne devaient pas alarmer ma sagesse et ma piété; que de toutes les personnes que je voyais chez moi, il n'y en avait pas une de qui je ne pusse attendre, dans toutes sortes d'occasions, de l'amitié et des services; que c'était son épouse et ses deux filles, avec milord Linch, jeune seigneur d'une grande espérance, qui avait lié une amitié étroite avec mes frères, et qui avait des sentimens encore plus tendres pour ma sœur; que la retraite où je tenais Patrice et Rose étant une mauvaise voie pour les avancer dans le monde, et l'état de nos affaires ne m'ayant pas permis sans doute de leur en faire prendre une meilleure, il venait, avec toute l'affection d'un parent et d'un ami leur offrir sa maison et son crédit à la Cour; que Rose n'y serait pas reçue moins agréablement que mes frères, qui avaient déjà eu l'honneur d'être présentés au Roi; que ce prince souhaitait ardemment de la voir, sur le portrait que milord Linch avait fait d'elle; enfin qu'il venait la prendre avec son épouse et ses filles, pour la conduire à Paris, où elle passerait quelques jours à se faire habiller, et de là à Saint-Germain, où elle était attendue; que pour moi, si je persistais dans mon inclination pour la solitude, je pouvais demeurer tranquillement aux Saisons, et que tous les amis de notre famille s'emploiraient pour me faire obtenir un bénéfice ou quelqu'autre faveur du clergé.

Ayant eu le temps de me remettre pendant ce discours, je conçus que mes plaintes, mes objections et mes scrupules seraient peu écoutés, et qu'on n'attendrait pas mon consentement pour exécuter des projets qu'on avait formés sans me consulter. L'indifférence qu'on marquait pour moi, en me conseillant si froidement de demeurer, me touchait peu. Ce n'était point aux caresses des hommes ni aux faveurs de la fortune que mon cœur était sensible : il l'était à l'endurcissement de Georges, dont la folle prudence l'emportait sur tous mes soins, et donnait même un ridicule à ma tendresse et à mon zèle ; car je découvrais clairement, dans la conduite et dans les termes de M. de Sercine, l'opinion qu'on lui avait fait prendre de moi. J'étais encore plus vivement touché de l'aveuglement de Rose et de Patrice, qui se livraient si témérairement aux premières espérances, et de l'ingratitude avec laquelle ils s'étaient déterminés à me causer le plus mortel chagrin que je pusse recevoir. Cependant, malgré le trouble où me jetaient des réflexions si amères, je formai sur-le-champ les deux seules résolutions qui me restaient à prendre dans ces tristes circonstances : l'une de leur épargner jusqu'à mes reproches, parce qu'ils étaient désormais inutiles, et qu'ils ne pouvaient servir qu'à les rendre plus coupables ; l'autre de retourner promptement en Irlande, et de ne plus penser à leur être utile que par mes vœux et mes prières. Ils avaient trouvé des conseils, des protections, des secours, des établissemens mêmes, si j'en croyais les flatteries de leur amour propre : ils n'avaient plus rien à attendre de moi ; et d'ailleurs, il paraissait assez qu'ils n'en voulaient plus rien recevoir.

Je ne dirai point qu'il n'entrât pas beaucoup de ressentiment et de dépit dans le serment intérieur que je fis de quitter la France ; mais j'étais sûr du moins que la raison et la religion n'y trouvaient rien à condamner. Elles m'y portaient au contraire également ; et lorsque je me trouvai l'esprit libre et le sang moins ému, je remerciai le Ciel d'avoir permis que je fusse engagé à partir par un lien assez fort pour me faire surmonter les faiblesses du sang et les mouvemens d'une tendresse excessive.

J'eus donc la force de répondre paisiblement à M. de Sercine que les intérêts de mes frères et de ma sœur étaient fort bien entre ses mains, et que si j'avais dû m'attendre d'être traité avec un peu plus d'égards et de confiance, j'avais du moins la consolation de voir ma famille très-honorée de la protection du Roi et de la sienne. Je n'ajoutai rien ; et cette réponse civile, à laquelle on s'attendait moins qu'à quelques traits de morale chagrine, fit renaître la tranquillité et la joie dans l'assemblée. On servit des rafraîchissemens. J'en fis les honneurs, et je pris part à la conversation, avec soin d'écarter tout ce qui pouvait renouveler mes peines. Cependant la vue de Rose, que je regardais comme la malheureuse victime de l'ambition de son frère, ses charmes innocens, ses regards timides et embarrassés qu'elle osait à peine fixer sur les miens, m'arrachaient du fond du cœur des soupirs que je ne retenais qu'avec violence. Je formai le dessein de me ménager un entretien secret avec elle ; pour faire une nouvelle tentative sur son esprit, ou du moins pour la fortifier par la répétition de mes anciennes maximes. Je lui fis signe de me suivre hors de l'appartement. Elle m'aurait obéi ; mais Georges m'observait, il pénétra mon dessein ; et la retenant lorsqu'elle se levait pour me suivre, il me dit avec une douceur affectée, que j'avais eu tout le temps de donner mes sages conseils à Rose ; qu'il ne fallait pas dérober sa présence à tant d'honnêtes gens ; et que la remettant entre les mains de madame de Sercine, je pouvais compter qu'elle n'avait plus besoin d'autre leçon que l'exemple d'un dame si aimable et si sage. Ainsi tout me fut ravi cruellement, jusqu'à la douceur de lui dire en particulier le dernier adieu. A peine eus-je la liberté d'entretenir un moment Patrice. Je n'entrai avec lui dans aucun nouveau détail ; mais après de justes reproches de sa faiblesse, qui rendait toutes ses bonnes qualités inutiles, je l'exhortai à l'amour du moins de la vertu, lors même qu'il en oublierait la pratique ; et je lui prédis une partie des maux dont il était menacé. Peut-être n'aurais-je pu lui cacher la résolution de mon départ, si Georges, qui appréhendait autant mes séductions que j'eusse dû craindre les siennes, ne fût venu m'interrompre. Il me dit d'un air satisfait qu'il allait travailler efficacement à notre fortune avec Rose et Patrice; que je serais toujours le premier à qui il en ferait recueillir les fruits, et qu'il recommandait ses entreprises à mes prières. Partez, lui répondis-je, allez, Georges; et puisque votre fortune surpasse vos espérances, le plus ardent de mes souhaits est de vous voir sage et heureux; mais je suis trompé si vous le devenez par des voies si étranges. M. de Sercine et milord Linch, qui nous joignirent au même moment, affectèrent de m'interrompre par des complimens déplacés. Il me fut aisé de reconnaître qu'ils agissaient tous de concert pour m'ôter les moyens de leur dire ce qu'ils ne pouvaient entendre sans honte. La nécessité me fit céder à cette tyrannie. Je les vis partir sans leur donner aucune autre marque de chagrin que mon silence. J'eus même les yeux constamment baissés; et lorsqu'ils m'assurèrent en m'embrassant qu'ils auraient soin de me donner souvent de leurs nouvelles ; je ne leur répondis que par des inclinations de tête et de profondes révérences.

Il est vrai que Patrice me protesta, en me serrant la main, que mes intérêts lui seraient toujours aussi chers que les siens, et qu'il me donnerait bientôt de meilleures preuves de ses sentimens ; mais quel fond pouvais-je faire sur un caractère faible et inconstant, sur lequel il paraissait que les nouvelles impressions étaient toujours les plus fortes ? Il avait reconnu son devoir deux heures auparavant : il avait pris parti pour moi en se confessant coupable de s'être laissé entraîner par les conseils de son frère ; et je le voyais partir pour me fuir, d'un air aussi content que ceux qui me l'enlevaient, sans m'avoir même expliqué le fond de ses desseins, et sans me laisser les moindres lumières sur ses démarches passées, pour servir du moins de règle à ma propre conduite. Aussi n'employai-je les premiers momens que je passai seul, après leur départ, qu'à renouveler le serment que j'avais fait de quitter la France. Il n'y avait plus de raisons qui pussent me faire balancer. J'étais dégagé de tous mes devoirs, par leur obstination et par leur fuite ; et après la manière sanglante dont on venait de me traiter, la tendresse du sang n'était plus qu'une faiblesse.

Cependant, comme je ne voulais rien avoir à me reprocher, je ne crus pas qu'il me fût permis d'abandonner les Saisons, sans y laisser quelque personne de confiance qui prît soin de leurs affaires, et qui leur remît fidèlement ce que j'étais résolu de leur laisser. Quoique le droit d'aînesse me donnât la meilleure part à tout ce que nous avions possédé jusqu'alors en commun, mon dessein était de leur céder, sans exception, tout ce que j'y pouvais prétendre, et de prendre seulement sur la somme qui était encore entre mes mains, ce qui m'était nécessaire pour les frais du voyage. Killerine m'offrait une retraite où je pouvais toujours vivre commodément des seuls fruits de mon bénéfice. Je jetai donc les yeux sur M. des

Pesses, dont je connaissais parfaitement la probité, et jugeant même qu'une commission de cette nature lui serait fort agréable par les nouvelles occasions qu'il aurait de rendre service à Rose et à mes frères, je le fis prier de venir promptement aux Saisons.

Cette invitation extraordinaire lui donna des espérances qui se trouvèrent mal remplies à son arrivée. En lui apprenant la résolution où j'étais de retourner en Irlande, je ne pus lui en laisser ignorer les motifs, ni lui cacher par conséquent ce que j'avais recueilli du court entretien que j'avais eu avec Patrice, sur ce qui concernait Rose, et les vues de milord Linch. Il en fut d'abord affligé jusqu'à me faire craindre quelque funeste effet de sa douleur, surtout lorsqu'il vint à considérer que mon départ le privait de l'unique ressource qu'il avait auprès d'elle. Cependant, étant revenu de ce transport, et me voyant trop affermi dans mon dessein pour se flatter que je pusse changer de sentiment, il se réjouit, comme je l'avais prévu, du choix que je faisais de lui pour lui confier notre maison. C'était un droit qu'il acquérait de revoir ma sœur, et d'entretenir quelque liaison avec elle, ce qu'il n'aurait pu se promettre autrement dans des circonstances si peu favorables pour son amour. Je lui demandai si, étant logé proche de Patrice, pendant le séjour qu'il avait fait aux Saisons, il ne s'était point aperçu de tout ce qui s'y passait contre ses intérêts et contre les miens. Il me dit qu'il s'était souvent imaginé pendant des nuits entières d'entendre du bruit dans le jardin et dans d'autres lieux; mais que ne se défiant de rien, la bienséance ne lui avait pas permis de porter sa curiosité trop loin dans la maison d'autrui. J'interrogeai de même le seul domestique qui était resté avec moi, et je n'en tirai pas plus de lumière; de sorte que je n'emportai pas même en partant la satisfaction de savoir par quels artifices on m'avait trompé, ni s'il avait été dans mon pouvoir de m'en défendre. Cette connaissance, à la vérité, n'aurait pas réparé le mal ; mais elle aurait servi à me faire raisonner encore plus juste sur les malheureuses suites que j'en devais attendre.

Ce ne fut pas sans un tendre regret que je me séparai le lendemain de M. des Pesses, après lui avoir remis environ dix mille écus qui étaient l'unique reste de la fortune de nos ancêtres. Je lui laissai un simple billet, adressé à mes frères, dans lequel je leur déclarais, sans aucune marque de ressentiment, que me trouvant dégagé de toutes mes promesses par mille raisons que j'évitais de rappeler, je prenais le parti de retourner à Killerine ; et que si j'avais cru pouvoir les préférer pendant quelque temps à mon troupeau, j'étais obligé de me rendre à mes anciens devoirs, lorsque ma présence et mes soins leur devenaient absolument inutiles. Je les exhortais à se souvenir de leur naissance et de leur religion, et de ce qu'ils devaient, par ces deux motifs, à Dieu et à l'honneur de leurs ancêtres. Je leur recommandai instamment leur sœur, dont le soin était désormais leur premier devoir, et d'un compte d'autant plus rigoureux, que c'était volontairement qu'ils s'en étaient chargés. Enfin, je leur marquais que j'avais remis à M. des Pesses notre maison et notre argent, sur lesquels je leur abandonnais tous mes droits. Je laissai une lettre beaucoup plus longue pour Rose ; mais où il n'entrait que de la tendresse et des conseils salutaires. Cependant je ne puis cacher que j'eus beaucoup de violence à me faire pour écrire avec cette modération. Il s'en fallait bien que toutes les plaies de mon cœur fussent fermées. J'étouffai ses plaintes ; résolu de ne prendre conseil désormais que de la raison et du devoir.

Il fallut néanmoins me combattre encore, en passant par Saint-Germain pour me rendre à Dieppe ; et j'éprouvai plus que jamais, par la peine que j'eus à me vaincre, combien les mouvemens les plus réglés de la nature sont difficiles à gouverner. Que n'en doit-il pas coûter par conséquent pour prendre un parfait empire sur les passions ? Je savais que mes frères et ma sœur devaient arriver à la Cour avant la fin de la semaine. Je me sentais porté à les attendre, et à chercher, pour la dernière fois, l'occasion de les voir. Tantôt c'était pour leur faire tous les reproches qu'ils méritaient, et que la présence de M. de Sercine m'avait contraint d'étouffer dans mon cœur ; tantôt c'était pour satisfaire ma tendresse, qui était encore assez forte pour me faire oublier leur ingratitude. Ils ne s'attendaient point à mon départ. Ils n'avaient jamais regardé la proposition de les quitter, que le mécontentement m'avait fait faire plusieurs fois, comme une menace sérieuse. Il pouvait encore arriver que me voyant en chemin pour m'éloigner sans retour, le souvenir de tout ce que j'avais fait pour eux, et la honte de m'avoir causé de si injustes chagrins, leur fissent reprendre les sentimens qu'ils avaient eus pour moi. Mais quand ils les eussent repris, à quoi ce changement pouvait-il aboutir ? Ils étaient déjà trop engagés. Ils avaient pris des guides que la bienséance ne leur permettait plus d'abandonner, et dont les vues ne pouvaient jamais s'accorder avec les miennes. D'ailleurs, c'était me flatter trop que de les croire disposés à se réconcilier avec moi. Je leur étais devenu incommode; je devais craindre de l'être encore plus à Saint-Germain. Qui sait de quelle manière ils auraient pris ma visite; et si Georges, qui avait été capable de se faire un jeu de mes infirmités naturelles avec MM. de Sercine et Dillon, n'eût pas couronné sa vengeance par quelque insulte éclatante ? De toutes ces réflexions, je m'attachai à celles qui devaient me faire hâter mon voyage. Je me rendis à Dieppe, où je profitai du premier vaisseau qui s'offrit pour Londres. Au moment que je m'embarquais, on me remit une Lette de M. des Pesses, qu'il m'avaient adressée au hasard dans la même auberge où nous avions passé quelques jours en arrivant en France. Je balançai si je devais la lire, dans la crainte d'y trouver quelque nouveau sujet de peine; mais la tendresse du sang prévalut encore. Je l'ouvris. Elle contenait de nouvelles instances pour m'arrêter, avec la relation d'une visite que M. des Pesses avait rendue à mes frères et à ma sœur. Ayant découvert heureusement leur demeure à Paris, il n'avait pas perdu un moment pour leur annoncer mon depart. Rose s'était évanouie à cette nouvelle, et n'était revenue que pour verser un torrent de larmes. Patrice avait donné aussi toutes les marques d'une vive douleur. Georges même, avait paru frappé d'un dénouement si imprévu; mais il avait employé aussitôt tout son esprit pour consoler sa sœur et son frère, en leur représentant que ma présence n'était pas nécessaire à leurs projets; que rien ne les empêchait d'espérer que je ne pusse vivre fort heureusement dans mon bénéfice; et que si leurs affaires tournaient aussi bien qu'ils devaient se le promettre, il ne serait jamais trop tard pour m'inviter à revenir partager leur fortune. M. des Pesses concluait des larmes de Rose, et des regrets de

Patrice, que j'en étais aimé tendrement, et que si je voulais tenter quelque nouvel effort, ils pouvaient encore être ramenés à mes vues. Je vis dans le tour de sa lettre un amant inquiet pour lui-même, qui tâchait de me retenir par de faibles espérances, pour faire servir mon retour à rétablir un peu les siennes. Mais quand j'aurais cru Patrice et Rose encore plus sincèrement affligés, je connaissais l'humeur fière et inflexible de Georges. J'étais sûr qu'il n'entrait pas plus de tendresse pour eux dans le parti qu'il avait pris de me les enlever, que de ressentiment de la manière dont je lui avais moi-même enlevé sa sœur. Il avait voulu se venger avec usure. Ainsi je ne pouvais tenter de les lui ôter encore, sans l'exciter à une nouvelle vengeance, qui perpétuerait puérilement le représailles. Cette pensée, qui avait été un des principaux motifs de mon départ, me défendit contre les sollicitations de M. des Pesses, malgré l'attendrissement excessif que sa lettre m'avait causé. Je lui fis sur-le-champ une courte réponse, pour lui marquer la constance de mes résolutions, et mon embarquement, qui se fit à l'heure même. En deux jours d'une heureuse navigation, j'arrivai à Londres, d'où je fis le chemin par terre jusqu'à Holyhead. Un vaisseau anglais que le hasard me fit trouver prêt à lever l'ancre, me rendit en quatre jours à Londondery, et je me revis le lendemain au soir dans ma maison de Killerine.

Quatre mois d'absence m'auraient fait trouver une vive satisfaction dans les embrassemens et les caresses de mes amis, si j'eusse pu me délivrer de mille fâcheux souvenirs dont j'avais la source dans le cœur encore plus que dans l'imagination. Je ne pus me retrouver si proche du tombeau de mon père, sans ressentir une mortelle confusion de n'avoir pas un meilleur compte à lui rendre du dépôt qu'il avait confié à mes soins. Le témoignage de ma fidélité et de mon zèle, que je trouvais au fond de mon cœur, en écartait bien toute ombre de remords; mais loin d'en bannir le regret et la tristesse, il ne servait qu'à me rappeler l'inutilité de mes peines et les misérables fruits que j'avais recueillis de mes espérances. Je portais ce poids à tous momens, et dans toutes sortes de lieux. Ce n'est pas qu'en examinant quelquefois les choses dans un sens plus favorable, je ne rendisse à Georges la justice qu'il méritait de plusieurs côtés. La sagesse de ses mœurs, la droiture de son jugement, et l'honnêteté de ses principes, étaient trois points sur lesquels je ne lui avais jamais reconnu de faible; et je concevais bien que quelque part que l'esprit de vengeance pût avoir à la conduite qu'il avait tenue à mon égard, et l'ambition ou l'amour du monde à celle qu'il voulait faire prendre à son frère et à sa sœur, il ne fallait pas craindre qu'il les portât au vice par son approbation ou par son exemple. Mais l'espèce de vertu qu'il était capable de leur inspirer me paraissait presqu'aussi redoutable que le vice. C'était uniquement l'envie de plaire aux hommes, c'était l'estime de leurs faveurs, et le goût de toutes les voies qui peuvent y conduire. Le plus honnête homme, qui ne l'est pas avec une autre fin, tarderait-il long-temps à devenir vicieux, si le vice pouvait servir à ses vues? Et n'arrive-t-il pas en effet qu'il y devient souvent nécessaire? Car à quoi sert de le déguiser sous d'autres noms! La noblesse de sentimens est-elle autre chose que de l'orgueil, quand elle n'a pour objet que des grandeurs et des distinctions humaines? La politesse et la complaisance qui servent à ouvrir les voies de la fortune, ne sont-elles pas presque toujours une lâche approbation des défauts ou des déréglemens d'autrui? La galanterie, sans laquelle on ne ferait pas un pas dans le monde, peut-elle être distinguée sérieusement de la volupté sensuelle dont elle est comme la fleur et le raffinement? J'accorde, si l'on veut, qu'un homme de jugement et d'honneur, tel que je me figurais Georges, ne se livre point sans ménagement à cette dépravation; mais quel frein pouvait retenir Rose et Patrice? Leur âge qui était à peine au-dessus de l'enfance; leur caractère tendre et facile, qui les rendait capables de l'excès du bien et du mal, suivant les premières impressions par lesquelles ils seraient déterminés; l'éclat de leurs qualités naturelles, qui les exposait à des séductions plus pressantes et plus inévitables; enfin, la témérité de leur frère, qui ne concevait pas même qu'ils eussent besoin de précaution, étaient de justes sujets d'alarme, qui me faisaient craindre pour eux autant de chutes que de pas.

En réfléchissant ainsi sur la cause de mes regrets, il me vint un scrupule qui me causa beaucoup d'embarras. L'opinion même que j'avais du jugement et de la probité de Georges, me fit douter si mes délicatesses de religion n'avaient pas été portées trop loin, et si l'idée que je me formais du monde n'était pas fausse ou du moins exagérée. Il était certain que je ne la devais point à ma propre expérience. C'était le fruit de mes lectures, ou des principes d'éducation que j'avais reçus au séminaire de Carrickfergus. Georges, au contraire, quoiqu'âgé seulement de quelques années plus que son frère, avait eu de bonne heure l'occasion de se répandre beaucoup plus au-dehors, parce que se trouvant l'aîné de notre maison, il était obligé, dans les dernières années de la vie de mon père, de le représenter aux assemblées de la province, et d'entretenir certaines liaisons de bienséance avec la noblesse de notre canton. Etait-il impossible qu'il eût acquis des connaissances plus justes que les miennes, et qu'étant mieux informé des usages du monde, il eût jugé avec plus de discernement de ce qu'ils ont de criminel ou d'innocent? Dans cette supposition, non-seulement il devait connaître mieux que moi ce qui était convenable aux intérêts de son frère et de sa sœur, mais il aurait eu raison de me reprocher, comme il avait fait plus d'une fois, que mon zèle surpassait mes lumières, et que j'étais plus propre à la solitude du cabinet qu'à donner des règles de conduite pour le monde. J'aurais mérité même d'être regardé comme un censeur aveugle, et comme un turbulent qui dérangeait mal-à-propos ses sages desseins par mes plaintes, et par mes remontrances importunes. A la vérité les livres saints, dont toutes les maximes sont infaillibles, déclarent la guerre en mille endroits au monde et à ses partisans; mais ils expliquent aussi ce qu'il faut entendre par les partisans du monde : ce sont les fourbes, les orgueilleux, les sensuels, les vindicatifs, les ravisseurs du bien d'autrui, etc. Toutes qualités qu'on ne peut attribuer raisonnablement à la plupart des personnes qu'on connaît, et qu'on n'attribuerait pas sans une témérité criminelle à ceux qu'on ne connaît point. C'est donc sur cette seule espèce d'hommes, s'il en est beaucoup d'un si affreux caractère, que tombent toutes les malédictions évangéliques; ce qui n'empêche pas que le plus grand nombre de ceux même qui vivent avec eux dans le monde, ne puissent être d'un commerce aimable et sans danger; et

Georges pouvait l'avoir reconnu par l'expérience.

Dans l'incertitude où je demeurai après ces réflexions, je me repentis amèrement de n'avoir pas mieux profité du temps que j'avais passé en France, pour acquérir les lumières qui me manquaient. Il m'aurait été facile de me faire introduire dans toutes sortes de sociétés, et d'en démêler les principes et les usages. J'aurais appris par moi-même ce qu'un chrétien doit penser du monde. Peut-être me serais-je mieux accordé avec Georges, après avoir acquis cette connaissance, et la paix aurait continué de régner dans notre famille; au lieu que, par ma précipitation à condamner tout ce qui m'avait déplu, j'étais peut-être coupable de l'avoir troublée. Ce trouble m'affligea si vivement, que j'aurais eu peine à me consoler, si le Ciel n'eût rendu le repos à ma conscience par une autre réflexion. S'il est vrai, me dis-je à moi-même, que Georges ne s'égare point dans ses idées et dans ses projets, je ne dois pas regretter qu'il m'ait ôté la conduite de son frère et de sa sœur : ils ne peuvent être mieux que sous la sienne. S'il s'égare autant que je l'ai cru, j'ai fait mon devoir en le condamnant, et j'ai eu raison de le quitter, lorsque j'ai perdu tout espoir de le faire rentrer dans le sien.

Ce n'était point à Killerine que mes difficultés pouvaient s'éclaircir autrement. Une bourgade, presque uniquement composée d'artisans et de laboureurs, était peu propre à me représenter le monde où mes frères et ma sœur se trouvaient engagés. D'ailleurs l'innocence et la tranquillité régnaient depuis longtemps dans mon troupeau. Cependant, comme les dispositions de la Providence avaient commencé à se déclarer sur mon sort, et que toute la suite de ma vie était destinée à beaucoup d'agitations, il ne me fut pas accordé, même à Killerine, pendant quelque mois que j'y passai, de jouir du repos que j'y étais venu chercher, et que tout le monde y goûtait. A peine commençais-je à revenir un peu de la profonde tristesse que j'avais apportée de France, que, pour me préparer à mille nouvelles douleurs, auxquelles la tendresse fraternelle devait bientôt m'exposer, le Ciel me suscita une épreuve d'autant plus sensible qu'elle regardait l'honneur de mon père, c'est-à-dire, ce que j'avais de plus précieux après les intérêts de Dieu et de la religion. Ce n'est pas interrompre l'histoire de mes frères, que de m'arrêter un moment à ce récit, parce qu'il se trouve lié par ses suites avec la plupart des événemens que j'ai entrepris de raconter.

Quelques gentilshommes du comté d'Antrim, mal intentionnés pour le gouvernement, et piqués surtout de voir passer les plus belles terres d'Irlande entre les mains des favoris du Roi, sans autre titre pour les obtenir que leurs bassesses et leurs flatteries, s'étaient ligués secrètement dans le dessein de soulever le peuple, et peut-être dans l'espérance de leur faire secouer entièrement le joug de l'Angleterre. Le succès d'une si grande entreprise dépendant d'une infinité de ressorts et de mouvemens, ils avaient employé plusieurs années à dresser leurs machines, et le secret avait été gardé si fidèlement qu'après même qu'il fût découvert, on ne put parvenir à connaître les complices. L'un d'entr'eux, nommé Fincer, ancien ami et voisin de notre maison, perdit malheureusement le plan général du projet, qui fut trouvé par un officier du Roi. Fincer s'aperçut aussitôt de sa perte; mais étant sûr que cet écrit était d'une main fidèle et inconnue, et la prudence des conjurés, qui l'avaient dressé de concert, leur ayant fait déguiser les noms des personnes et des lieux d'une manière qui ne pouvait les trahir, il se flatta de pouvoir écarter les soupçons, s'ils tombaient sur lui, et de rendre toutes les recherches inutiles. En même temps, néanmoins, il ne négligea pas d'informer de son malheur tous ceux qu'un même intérêt obligeaient d'y prendre part; mais pour les empêcher de s'alarmer, il leur jura de nouveau une fidélité à toute épreuve. En effet, le vice-roi, à qui l'on s'était hâté de remettre le mémoire, prit inutilement toutes sortes de voies pour découvrir les auteurs et les ministres du complot.

Cependant la crainte d'un danger si pressant l'ayant porté à mettre le secret à prix, suivant la méthode d'Angleterre, on vint à bout sur divers indices, tels que le temps et le lieu où le projet avait été trouvé, de s'assurer que c'était M. Fincer qui l'avait perdu. Il fut arrêté, et conduit dans les prisons de Dublin. On commença aussitôt les interrogations, et le vice-roi s'y trouva présent lui-même. Mais au lieu de voir un criminel consterné, on fut surpris que, sans marquer la moindre émotion, Fincer offrit volontairement de s'expliquer. Il confessa qu'il avait deux choses à se reprocher : l'une, d'avoir gardé si long-temps un mémoire dangereux; et l'autre, de ne s'être pas hâté, après l'avoir perdu, de venir déclarer le fond du mystère au vice-roi, pour lui épargner les fausses démarches auxquelles un péril imaginaire l'avait engagé; que, pour la première de ces deux fautes, il n'avait point d'autre justification à donner que sa curiosité, qui lui avait fait conserver trop long-temps une pièce rare et d'une nature extraordinaire; et que, pour la seconde, il était vrai que son devoir l'obligeait d'offrir plus tôt quelques éclaircissemens au vice-roi, mais qu'on devait se figurer aisément qu'un homme innocent, qui aime le repos, évite autant qu'il peut de s'exposer à des embarras inutiles; en un mot, qu'il avait espéré qu'on ne découvrirait jamais que le mémoire eût été entre ses mains, et qu'étant certain que le projet de révolte qu'il contenait n'était qu'une chimère qui s'était évanouie avec la vie et le souvenir de son auteur, il avait cru que, pour la tranquillité publique autant que pour la sienne, il ne pouvait prendre de parti plus sage que le silence.

Comme ce discours parut fort obscur, et qu'on lui demanda des explications moins équivoques, il ajouta avec la même tranquillité, qu'il était fâché qu'on le forçât de noircir l'honneur des morts; mais que, dans la nécessité où il était de ne rien cacher, il déclarait à regret que l'auteur du mémoire avait été le feu comte de.....; que le zèle de ce seigneur pour la religion romaine, lui avait fait entretenir pendant toute sa vie un désir ardent de la tirer de l'oppression; qu'il avait formé cent projets qu'il n'avait pu faire goûter à ses amis, et qui n'avaient jamais été plus loin que sur le papier; que sa mort ayant achevé de les dissiper, il en était resté apparemment quelques copies; que le mémoire en était une, et que l'ayant trouvé lui-même entre les papiers de son père, qui était mort aussi depuis quelques mois, il ignorait de quelle manière elle y était venue; qu'il se souvenait seulement de l'avoir entendu parler des desseins du comte, qui était de ses meilleurs amis, et des efforts qu'il avait toujours faits pour le guérir de ces vaines imaginations; enfin, pour donner encore plus de vraisemblance à son discours, Fincer assura le vice-roi que mes frères ne s'étaient déterminés à quitter l'Irlande que par la crainte d'être accusés tôt ou tard, et peut-être avec justice, d'avoir participé aux projets de leur père.

A la vérité, ce tissu de calomnies n'était soutenu d'aucune preuve; mais comme il n'y en avait pas non plus à produire contre l'accusé, le vice-roi fut obligé de suspendre les procédures en attendant de nouvelles lumières, et Fincer fut retenu dans sa prison. Le bruit de cette aventure s'étant répandu à Dublin dès le même jour, je reçus tout à la fois plusieurs lettres qui m'apprenaient l'injure qu'on venait de faire à mon père, et qui m'avertissaient même du péril où j'étais d'être arrêté. C'était en effet à quoi je devais naturellement m'attendre; mais, moins touché de cette crainte que de l'honneur de mon sang, je n'examinai point si j'avais des risques à courir, et je me crus appelé à Dublin par toutes sortes de raisons. Je fis tant de diligence, qu'ayant prévenu les ordres du vice-roi, je me présentai à lui lorsqu'on s'y attendait le moins. La force avec laquelle je défendis l'innocence de mon père, et l'offre que je fis volontairement de ma tête s'il paraissait par le moindre témoignage qu'il eût jamais manqué de respect pour le gouvernement ou pour les constitutions du pays, balancèrent du moins les dépositions de Fincer. Je demandai ensuite, avec la même fermeté, d'être confronté sur-le-champ à notre accusateur. On ne me refusa point ce qu'on aurait exigé de moi si je ne l'eusse pas demandé comme une faveur. Le vice-roi fut témoin de cette scène. Fincer était de mon âge, et nous nous connaissions depuis l'enfance. Ma présence le déconcerta. Il me dit d'un air embarrassé qu'il était surpris de me voir engagé dans son affaire, lorsque je n'étais accusé de rien, du moins par ses dépositions; et que, pour ce qui regardait mon père, c'était avec un mortel regret qu'il s'était trouvé contraint, pour sa propre justification, de révéler tout ce qu'il avait appris du sien. Je le priai de m'apprendre ce qu'il prétendait savoir avec tant de certitude. Il le fit dans les termes que j'ai rapportés, et qui étaient les mêmes que ceux qu'on m'avait marqués d'après ses premières dépositions, ce qui me fit juger que le personnage qu'il jouait était médité. Je conçus qu'il me serait difficile de confondre l'imposture; et quoiqu'une accusation vague et sans preuves ne fût pas suffisante pour noircir absolument la mémoire de mon père, je m'affligeai d'autant plus de la voir en proie aux soupçons, que, Fincer étant protestant, je prévoyais que, toutes choses égales, la Cour et le public lui seraient plus favorables qu'à ma famille. Cette crainte fut vérifiée sur-le-champ par la conduite du vice-roi. Il prit mon chagrin pour une marque d'embarras; et voyant que Fincer ne me donnait pas le moindre avantage sur lui par ses réponses, il me déclara que, sans être traité de coupable, je serais retenu, par précaution, sous la garde d'un messager d'État.

Cependant, loin de regarder ma captivité comme une nouvelle disgrâce, je crus qu'elle deviendrait utile à l'honneur de mon père, par le droit qu'elle me donnerait de presser plus vivement son accusateur, et d'obtenir des juges une explication qui levât tous les doutes du public; car c'est ce que je croyais avoir de plus fâcheux à redouter. Je marquai à mes amis de recueillir, dans le voisinage des terres qui nous avaient appartenu, tous les témoignages qui pouvaient faire connaître l'humeur tranquille de mon père, et l'horreur qu'il avait eu pendant toute sa vie pour les factions et le trouble. Cette recherche demandait un temps considérable. De son côté, le vice-roi, qui ne voulait rien précipiter, fit traîner ses informations en longueur, dans l'espérance de quelque rayon de lumière qui ferait sortir tôt ou tard la vérité des ténèbres; de sorte qu'il se passa trois mois entiers sans aucun changement dans le sort de Fincer ni dans le mien. Enfin le zèle de mes amis me procura des mémoires si favorables, que je croyais mon père justifié et mes peines finies, lorsque, par la négligence ou par la corruption des gardes

Fincer trouva le moyen de se sauver de sa prison, et de sortir heureusement d'Irlande. Son évasion se fit si secrètement, qu'on ne put découvrir la moindre trace de sa fuite, et ce fut par d'autres aventures que j'appris long-temps après, de lui-même, qu'il s'était retiré en Danemarck.

On s'imaginait que le vice-roi regarderait cet éloignement volontaire comme une conviction; et j'étais persuadé que par rapport à mon père, une circonstance si forte, jointe aux témoignages que j'avais fait recueillir en sa faveur, ne permettrait pas aux commissaires de me refuser une déclaration publique de son innocence. Cependant on répondit à mes sollicitations, que l'obscurité et l'incertitude n'étant pat diminuées par la fuite de l'accusé, on ne pouvait s'expliquer sans témérité et sans injustice; que l'amour de la liberté l'avait pu porter à fuir, plutôt que la crainte du châtiment; que les lois du pays demandaient des preuves formelles, et qu'il fallait les attendre du temps. On n'inquiéta pas même sa fille unique, qu'on laissa jouir paisiblement de son bien. Pour moi, l'on se contenta de me *demander caution*, suivant l'usage, et l'on me rendit enfin la liberté. Le public jugea diversement de cette conduite. Les uns s'imaginèrent que le vice-roi, rebuté de l'inutilité de ses recherches, et perdant toute espérance depuis l'évasion de Fincer, avait pris le parti de renoncer à de nouvelles poursuites; et que s'il refusait de justifier la mémoire de mon père, c'était pour humilier les catholiques, en laissant tomber les soupçons sur eux dans l'esprit de ceux qui croiraient la conspiration réelle. D'autres jugèrent avec plus de vraisemblance que cette apparence de modération n'était qu'un voile, et qu'on avait dessein d'endormir les conjurés par une fausse paix, pour éclairer sourdement leurs actions, et les surprendre dans quelque fausse démarche.

Ces conjectures m'occupèrent beaucoup moins que le regret d'avoir tiré si peu de fruit de mon voyage. Je repris tristement le chemin de Killerine, pour y chercher, dans l'exercice de mon emploi, la seule douceur qui me restait après tant de disgrâces. Ma soumission aux ordres du Ciel m'empêchait bien de l'accuser de dureté; mais je me plaignais d'en avoir reçu un cœur trop sensible, ou de n'en pas recevoir des consolations proportionnées à cette faiblesse. Tout le plaisir que je trouvais dans la pratique de mes devoirs, ne se faisait goûter que de ma raison; et les chagrins que j'avais essuyés depuis plus d'un an, altéraient jusqu'à mon sang et mes forces. J'en avais perdu le sommeil et l'appétit. Ainsi, le dédommagement était d'un autre ordre que les peines, et n'avait pas la même force pour se faire sentir. Cependant l'espérance chrétienne fortifiait mon ame à mesure que ma santé s'affaiblissait. Mon âge passait déjà quarante ans. Est-ce la peine, disais-je, pour un reste de vie si court, de souhaiter du bonheur et du repos. D'ailleurs les liens du sang doivent être rompus par la mort. Supposons qu'ils le soient déjà. Car pourquoi distinguer ce qui n'est séparé que par un instant ? Et je n'ai pas même cette supposition à faire : mon père est au tombeau, et mes frères m'ont forcé de les abandonner ; qui empêche que je ne me regarde comme un homme déjà mort, puisqu'étant dégagé de tous les devoirs de la nature, il n'est que trop vrai que je ne tiens plus à rien sur la terre ?

Peut-être qu'avec le secours de ses réflexions j'aurais acquis tôt ou tard l'insensibilité qui était nécessaire à mon repos. Je faisais tant d'efforts pour y arriver, que j'avais même différé jusqu'alors de donner de mes nouvelles à mes frères ; et c'était une violence que je m'étais faite uniquement dans cette vue. Il est vrai que je n'avais pas reçu non plus de leurs lettres, et que ne me défiant pas de l'obstacle qui les arrêtait, je prenais leur silence pour une confirmation de leur mépris ; mais le ressentiment ne m'aurait pas porté à le garder moi-même si longtemps, si je ne m'étais cru justifié par une raison plus légitime. Je souhaitais donc de parvenir, sinon à les oublier, du moins à supporter leur ingratitude sans douleur, et à demander leur bonheur au Ciel sans altérer le mien.

Un dimanche au soir, que je rentrais chez moi plein de ces idees, mon valet, que j'avais pris en passant par Saint-Germain, et qui étant originaire d'Irlande, m'avait suivi volontiers jusqu'à Killerine, où il continuait de demeurer à mon service, me dit que j'étais attendu impatiemment depuis le commencement de la nuit par un jeune homme qu'il ne connaissait point, et qui n'avait pas jugé à propos de lui apprendre son nom. Il ajouta que s'étant fait introduire dans une salle, il lui avait recommandé instamment de n'y laisser entrer personne jusqu'à mon retour; et si je n'arrivais pas seul, de me dire secrètement qu'il souhaitait de m'entretenir en particulier. Je me hâtai de l'aller joindre, en cherchant dans moi-même de qui pouvait être une visite si mystérieuse, mais fort éloigné de m'imaginer la vérité. J'ouvre la porte de la salle, et je me trouve au même moment entre les bras de Patrice.

On se figure sans peine que malgré toutes mes résolutions, mon premier mouvement fut un transport de tendresse et de joie. Cependant, saisi tout d'un coup d'une vive inquiétude, qui venait autant du silence avec lequel ce cher frère m'embrassait, que de son arrivée imprévue et du discours de mon valet, je me dégageai de ses bras pour le regarder d'un œil fixe, sans avoir moi-même la force d'ouvrir la bouche. Je lui trouvai les yeux mouillés de larmes, et le visage extrêmement pâle et abattu. Mon trouble ne faisant qu'augmenter, je le pris par la main, et le conduisant vers un fauteuil; Dieux! lui dis-je, que m'annoncent ces larmes et ce silence? Et cette arrivée même, dont je n'ai pas reçu le moindre avis, cette pâleur, cet embarras..... Patrice, ajoutai-je, je tremble de ce que je vais entendre; et je vous prie néanmoins de ne pas tarder à me satisfaire. Il me répondit d'une voix basse qu'il avait des choses extrêmement fâcheuses à m'apprendre ; que me voyant obstiné à ne pas faire de réponse à ses lettres, il avait pris le parti de venir lui-même en Irlande pour réveiller ma tendresse en faveur du malheureux Georges, de la triste Rose, et de lui-même : que le ressentiment devait avoir des bornes dans un cœur aussi bon et aussi religieux que le mien ; qu'en se reconnaissant coupables dans leurs lettres d'avoir manqué à la confiance et à la soumission qu'ils me devaient, ils avaient espéré que je ne m'endurcirais pas jusqu'à leur refuser toutes sortes de réponses et de secours, que ce que je ne voulais pas faire pour eux, je le devais à l'honneur de notre nom, et au souvenir de notre père ; enfin, que si sa présence n'avait pas plus de force que ses lettres, pour m'intéresser au malheur de Georges, à la situation de Rose, et à ses propres peines, il n'y avait rien dont son désespoir ne le rendît capable, plutôt que de retourner en France, pour y être le témoin continuel de l'infortune de son frère et de sa sœur, et pour y mener lui-même une vie fort misérable. Dans la consternation où me jeta un début si obscur et si funeste, il eut le temps d'ajouter, avant que je fusse en état de l'interrompre, qu'il avait appris, de la fille de Fincer, le péril où il se trouvait exposé en Irlande, et que je devais bien juger que c'était par cette raison qu'il était arrivé de nuit à Killerine; mais que, la vie ne lui était pas assez chère pour s'alarmer de ce qui le menaçait, et que sans être arrêté par ses propres dangers, c'était de mes résolutions qu'il allait faire dépendre les siennes.

J'eus besoin de me soulager par plusieurs soupirs, pour trouver la force de lui répondre que tout ce que je venais d'entendre était tout-à-fait nouveau pour moi; que depuis mon départ de France je n'avais pas reçu une seule de ses lettres, ni les moindres lumières sur sa situation et celle de son frère et de sa sœur; que je ne comprenais rien à ce qu'il appelait leurs malheurs et ses peines, non plus qu'à ce qui regardait la fille de Fincer;

enfin, que je le conjurais de s'expliquer promptement; et, pour commencer par guérir la défiance qu'il paraissait avoir de mes sentimens, je l'embrassai de nouveau avec la plus vive tendresse, en l'assurant que non-seulement je n'avais jamais cessé d'aimer mes chers frères et ma sœur, mais que j'étais aussi disposé que jamais à tout entreprendre pour leur service.

Ce témoignage d'affection parut relever un peu ses espérances. Il me fit le récit suivant, que le temps n'a pu effacer de ma mémoire : ce qui n'a pas empêché que je ne l'aie prié de le mettre par écrit par des temps plus tranquilles; de sorte que je ne ferai que transcrire ici ses propres termes.

Je me rappelle amèrement, me dit-il avec un profond soupir, le temps où j'ai cessé de suivre vos conseils, parce que c'est de-là que je dois compter toutes les peines de ma sœur et les miennes. Vous ne vous attendez pas que je vous fasse remonter plus haut que notre séjour aux

Saisons : cependant je ne puis vous faire entendre toutes les raisons pour lesquelles votre secours nous est nécessaire, sans vous confesser que j'avais commencé à vous déguiser une partie de ma conduite avant notre départ de Paris. Il est vrai que je n'avais point alors de complice, et que tout se passait encore dans mon cœur. Vous vous souvenez de ce silence et de ces apparences de mélancolie dont vous me faisiez souvent des reproches. Vous étiez bien éloigné d'en pénétrer la cause. Peut-être en accusiez-vous mon inquiétude naturelle, et ce dégoût de tout ce que je possédais, dont je vous avais fait la confidence à Killerine. Mais figurez-vous au contraire que mon caractère était changé tout d'un coup, et que tous les mouvemens de mon cœur s'étaient fixés : j'avais conçu une funeste passion qui les réunissait tous dans son objet. Hélas! que vous dirais-je, j'avais vu la plus charmante personne du monde dans une rue voisine de la nôtre, et je m'étais senti plus enflammé qu'on ne le fut jamais.

La douceur que je trouvai dans ces nouveaux sentimens, me fit renoncer à toutes les occupations qui ne s'y rapportaient pas. Je cherchais, pendant les jours entiers, l'occasion de revoir ce que j'aimais. J'étais sans cesse dans la même rue, autour de la même maison où je l'avais vue la première fois. Je croyais avoir passé le jour heureusement lorsqu'elle avait paru à sa fenêtre. Vous n'avez pas oublié l'air distrait que j'apportais le soir au logis, et combien je paraissais occupé de mes rêveries. Ma passion se fortifiant tous les jours, je n'aurais jamais obtenu de moi-même de vous suivre à la campagne, si notre maison eût été assez éloignée de Paris pour m'ôter l'espérance d'y retourner plusieurs fois chaque semaine. Je fis même violence à mon penchant, lorsque vous me fîtes la proposition d'enlever Rose à mon frère; et si l'attachement que j'avais pour vous n'eût combattu fortement en votre faveur, j'aurais peut-être ajouté à vos chagrins celui de me voir fuir à mon tour. Je vous servis néanmoins fidèlement, et je m'applaudis ensuite d'avoir eu cette déférence pour vous, lorsque j'eus trouvé qu'il m'était facile, comme je l'avais prévu, de retourner presque tous les jours à la ville. Pour vous dérober d'abord la connaissance de mes démarches, je m'échappais dans le temps que je vous croyais le plus attaché à l'étude, ou bien je feignais de sortir pour me promener dans les campagnes voisines. Je n'étais quelquefois qu'un instant à Paris, lorsque la fortune me favorisait assez pour ne me pas faire attendre plus long-temps le bonheur que j'allais chercher. C'était encore le seul plaisir de voir ce que j'aimais déjà avec la plus parfaite ardeur. Je ne croyais pas même que des soins si peu déclarés eussent été remarqués. Ayant eu néanmoins la curiosité de m'informer dans le voisinage du nom et de la condition de ma maîtresse, j'avais appris qu'elle était fille de M. de L..., qui avait été long-temps employé à diverses négociations dans les Cours d'Allemagne, et qu'elle était née dans les voyages de son père.

Pendant ce temps-là, Georges, que vous me recommandiez de voir souvent, et d'exhorter de bien vivre avec nous, renouvelait au contraire tous ses efforts pour me faire préférer le séjour de Paris à celui des Saisons, et pour me porter à inspirer les mêmes sentimens à Rose. J'écoutais peu ses discours. Il me faisait des propositions dont je n'examinais pas même les avantages, persuadé qu'il y entrait autant de ressentiment contre vous que de zèle pour mes intérêts. Vous me chargeâtes ensuite de faire le voyage de Saint-Germain, et je le fis en effet plusieurs fois; mais je vous confesserai qu'au lieu d'y employer deux jours, comme mon absence vous le persuadait, je revenais le soir du même jour à Paris, où ma passion, qui ne me laissait plus de repos, me faisait trouver une douceur extrême à me promener une partie de la nuit sous les fenêtres de mademoiselle de L... J'y formais vingt projets qui demeuraient le lendemain sans exécution. Ils tendaient tous à lui déclarer ma tendresse; mais si je les goûtais assez le soir pour me former les plus douces espérances pendant toute la nuit, cent difficultés qui se présentent à l'esprit d'un étranger, m'obligeaient le matin de les abandonner. J'eus plusieurs fois la pensée d'ouvrir mon cœur à Georges. Il avait déjà ses habitudes à Paris. Il pouvait me faire trouver des voies qui eussent mieux satisfait mon impatience. Mais je ne voulais pas lui donner cet avantage sur moi; et par une bizarrerie fort étrange, j'étais comme jaloux de mon secret.

Je n'ai fait ce détail que pour vous conduire à une aventure des plus extraordinaires, qui décida de mon sort, et qui mit Georges en possession de l'empire qu'il a depuis exercé sur moi. J'étais allé un jour à Saint-Germain, d'où l'amour me ramena de fort bonne heure à Paris. Je ne manquai pas de me procurer avant l'obscurité la seule satisfaction à laquelle je rapportais tous mes soins, et j'en jouis ce jour-là plus heureusement que jamais, parce que mademoiselle de L.... se fit voir fort long-temps à sa fenêtre. Je n'avais point encore si bien distingué tous ses charmes. J'achevai de me perdre dans cette dangereuse considération. C'était une de ces physionomies dont la douceur fait le fond, quoique l'éclat du teint et la finesse des yeux décèle du feu et de l'enjouement ; une taille, un port au gré de mes désirs : toute sa figure et tous ses mouvemens me paraissaient assortis à mon cœur. Elle n'était pas plus âgée que ma sœur ; mais avec toutes les grâces de la plus tendre jeunesse, elle avait un air de maturité qui me faisait juger avantageusement de son esprit et de sa raison. Je ne sais si ce portrait suffit pour justifier tout ce que je sentais pour elle ; mais figurez-vous qu'il n'approche point de ce que je lui ai connu de grâces et de perfections, lorsque je suis parvenu à la voir de près et à l'entretenir.

Il était impossible que promenant ses regards dans la rue, elle ne s'aperçût pas que les miens étaient tendrement fixés sur elle. Je me tenais à la porte d'un café qui était assez voisin de sa maison. J'y demeurai long-temps encore après qu'elle se fut retirée ; et quoique je n'eusse plus d'espérance de la revoir lorsque le jour fut fini, à peine pris-je le temps d'aller souper pour revenir au même lieu où j'avais passé de si agréables momens. J'y étais encore à onze heures. Mon imagination m'avait rendu le service que je ne pouvais plus recevoir des yeux. Cependant je pensais enfin à me retirer, lorsque je crus apercevoir, à la lueur des lanternes, plusieurs personnes qui se rendaient l'une après l'autre à la porte de M. de L.... et qui s'introduisaient sans bruit dans la maison. La curiosité m'en fit approcher. Je remarquai que la porte était entr'ouverte, et qu'il y entrait à chaque moment quelque nouveau venu, qui la repoussait doucement sans la fermer tout-à-fait. J'en avais déjà compté dix-neuf ou vingt. Ils étaient tous en habit noir ; mais la Cour de France était alors en deuil, et j'étais vêtu moi-même de cette couleur, Leur air d'ailleurs et la propreté de leur ajustement, ne me permettaient pas de soupçonner leur caractère et leurs intentions. Enfin, voyant que cette procession ne finissait pas, il me vint à l'esprit de suivre le premier qui succéderait, et de m'introduire avec lui dans la maison. Si c'était de la connaissance et de l'aveu du maître que cette multitude de gens entraient chez lui, j'espérais me sauver dans la foule, et non-seulement satisfaire ma curiosité, mais me procurer peut-être l'occasion de voir mademoiselle de L.... et le bonheur de lui parler un moment. Si tant d'inconnus étaient conduits par quelque mauvais dessein, je devais remercier le Ciel qui permettait que je pusse être utile à une personne si chère, et la garantir du danger qui menaçait peut-être sa fortune ou sa vie.

Je ne balançai point après cette réflexion, et me laissant précéder seulement de cinq ou six pas, j'entrai dans la cour avec le premier que je vis arriver. Il n'y avait pas un seul flambeau qui servît à éclairer. Mon guide la traversa, et je le suivis à l'entendre plutôt qu'à le voir. Il entra dans un vestibule, d'où il s'engagea dans une galerie étroite, qui aboutissait à un escalier. Deux lanternes qui étaient suspendues au bas des degrés, car l'escalier n'était que pour descendre, et paraissait être celui d'une cave, jetaient assez de lumière pour faire discerner les objets autour de nous. L'inconnu tourna le visage avant que de descendre, et ne reconnaissant pas le mien; il se contenta de me saluer civilement. Je continuais de le suivre, quoique la situation du lieu commençât à m'inspirer quelque défiance. J'arrive au bas de l'escalier, où je suis surpris de me trouver tout d'un coup aussi éclairé qu'en plein jour. C'était effectivement une cave, qui se divisait en trois allées souterraines, dont les murs étaient couverts d'un très-grand nombre de bougies; mais suivant toujours mon guide, j'enfilai celle du milieu, qui conduisait à une salle vaste et bien voûté, où je me vis environné de plus de cinquante personnes. La plupart étaient assis, et s'entretenaient à voix basses, avec beaucoup de décence et de modestie. On me salua à mon arrivée. Quoique mon embarras fût extrême, j'étais trop engagé pour ne pas souhaiter d'être témoin de la fin de cette scène; et l'air de civilité et d'honneur que je voyais régner dans l'assemblée, devant me défendre de toutes sortes de craintes, je ne balançai pas à prendre place sur la première chaise qui se trouva proche de moi. On me regardait de plusieurs côtés, et je m'apercevais bien que ma présence causait de l'étonnement; mais j'affectai de garder une contenance libre, résolu d'attendre du moins qu'on me témoignât ce qu'on pensait de ma hardiesse.

Je fus bientôt délivré de cette contrainte par l'arrivée de plusieurs dames qu'un domestique vint annoncer. On se leva pour les recevoir, ce qui mit un désordre favorable pour moi dans l'assemblée. Chacun commençant à se mêler et à se croiser dans la foule, je ne doutai pas qu'on ne me perdît bientôt de vue, et j'attendais avec une vive impatience la vue des dames, parmi lesquelles j'espérais de voir paraître mademoiselle de L.... Elle entra effectivement la première. Je vous décrirais faiblement tous ses charmes, et l'agitation de mon cœur. Je n'étais qu'à dix pas d'elle. Si j'avais suivi mon transport, je me serais jeté à ses pieds. Elle s'assit avec les dames qui l'accompagnaient. Tous les hommes demeurèrent de bout. On garda le silence pendant plus d'un quart d'heure, que jemployai à m'enivrer d'amour. Ce n'est pas que je ne fisse aussi quelques réflexions sur un spectacle aussi étrange que celui que j'avais devant les yeux; car je n'avais encore rien remarqué qui pût me faire juger à quoi il pouvait aboutir; mais soit agréable ou tragique, j'étais sûr qu'avec la satisfaction dont je jouissais, il ne pouvait avoir que de la douceur pour moi.

Cependant la suite aurait pu m'effrayer si j'eusse été plus timide. Quatre hommes apportèrent un grand coffre qu'ils déposèrent au milieu de la salle. On l'ouvrit pour en tirer un paquet informe, que je reconnus aussitôt pour un cadavre, couvert de la dernière parure des morts. Le silence continuait de régner dans l'assemblée. Je vis paraître au même moment un cercueil de couleur noire, dans lequel le cadavre fut enfermé. On le mit sans cérémonie au fond d'une fosse qui était préparée dans un coin de la salle même, et que je n'avais point encore aperçue. Elle fut remplie de terre sur-le-champ avec tant de propreté et de soin, qu'on aurait eu peine à reconnaître la place. Une exécution de cette nature devait me faire naître d'horribles idées. Mais ne pouvant penser mal d'une assemblée qui me paraissait composée d'honnêtes gens, et où plusieurs femmes bien nées avaient assisté volontairement, je conçus une partie de la vérité, et le reste ne tarda guère à m'être éclairci. Tous les assistans se rangèrent pour faire place au milieu d'eux à une personne que j'avais déjà distinguée à quelques marques d'autorité. Ils paraissaient se disposer à l'entendre, et lui, par conséquent, à faire quelque discours sur le sujet qui les assemblait, lorsqu'un mot ou deux que quelqu'un lui dit à l'oreille, fit changer entièrement les dispositions. On ne fit plus que se communiquer tout bas le même secret, avec des précautions extrêmes, pour m'empêcher de l'entendre; et la compagnie s'étant divisée en peletons pour s'entretenir ainsi à l'écart, je demeurai seul au milieu de la salle, exposé à tous les regards. Mademoiselle de L.... m'aperçut, et se remit mes traits. J'étais mieux que je ne le pensais dans sa mémoire. Elle fut touchée de mon embarras par un motif plus favorable que je n'aurais osé me l'imaginer, et prenant la parole avec l'autorité que l'absence de son père lui donnait dans sa maison, elle déclara que si le trouble venait de ma présence, on pouvait être tranquille sur sa parole, parce que son père me connaissait, et qu'elle répondait de moi. Cette bonté, dont l'amour beaucoup plus que la crainte me fit sentir tout le prix, pénétra mon cœur de tendresse et de reconnaissance. J'allai vers elle aussitôt d'un air ouvert. Un clin d'œil acheva de me faire comprendre la manière dont je devais me conduire; et soutenant assez bien ce rôle, je fis naître la tranquillité et la confiance dans l'assemblée. Le discours fut prononcé : c'était une exhortation chrétienne à profiter de la mort d'autrui pour bien vivre.

Comme je ne m'étais pas écarté de mademoiselle de L...., elle trouva le moyen de me dire secrètement qu'il fallait qu'elle m'entretînt avant mon départ, et que je pouvais attendre dans les appartemens que toute la compagnie l'eût quittée. Je ne me fis pas répéter un ordre si favorable. A peine eut-on commencé à se retirer, que prenant le chemin par lequel j'étais venu, je priai le premier domestique que je rencontrai, de m'introduire dans quelque lieu qui ne fût point exposé aux yeux des passans. Il ne fit pas difficulté de m'ouvrir une salle, lorsque je l'eus assuré que c'était pour y attendre les ordres de sa maîtresse. J'y éprouvai, pendant un quart d'heure, toutes les impatiences de l'amour. Sans oser former de conjectures sur le motif qui lui faisait souhaiter de m'entretenir, je me mis dans toutes les situations qui m'étaient représentées par l'espérance ou par la crainte, et je cherchais des termes qui fussent capables de répondre à mes sentimens. Mais le trouble que je sentis en la voyant, rendit toute mon étude inutile. Elle entra dans le lieu où j'étais, avec une femme âgée que je pris pour sa gouvernante. Eh bien, me dit-elle en entrant, vous conviendrez que vous m'avez quelque obligation. Mais je veux savoir ce qui vous amenait ici, et comment vous avez fait pour vous y introduire sans être connu de personne. Je lui racontai naturellement ce que le hasard m'avait fait remarquer à sa porte; et qu'ayant douté s'il n'y avait point quelque chose à craindre pour elle, l'envie de lui rendre service, aux dépends de ma vie même, s'il eût été nécessaire, m'avait fait prendre le parti de suivre tant de personnes que je voyais entrer dans sa maison. Je vous ai obligation, reprit-elle; mais ce n'est pas assez. Etes-vous catholique? Je lui répondis que je l'étais. Il faut donc, interrompit-elle, que vous soyez assez honnête homme pour ne pas faire un mauvais usage de ce que vous avez vu, et que vous m'en donniez votre parole.

Vous savez ce que nous sommes? Je lui protestai que je n'avais rien compris à ce que j'avais vu, et que j'aurais eu un mortel regret de mon indiscrétion, si l'honneur qu'elle me procurait de lui parler ne m'eût empêché de m'en repentir; mais que n'ayant rien vu néanmoins qui ne m'eût paru sage et louable, je n'aurais pas de violence à me faire pour garder le silence, outre que sa volonté était une loi que je faisais vœu de respecter toute ma vie. Non, me dit-elle; je conçois bien que vous pourriez vous former d'étranges idées du spectacle que vous avez vu, si je ne vous apprenais que nous sommes protestans de la confession de Luther, et que l'exercice public de notre religion n'étant pas libre ici, nous enterrons secrètement nos morts. Voilà tout le mystère. Mon père, qui est fort zélé pour sa créance, a fait creuser exprès le caveau d'où vous sortez. Elle ajouta qu'il avait été fort heureux pour moi qu'il fût absent, parce que étant d'une humeur violente, il aurait pu se trouver fort offensé de ma hardiesse; mais que cette raison devait me faire avoir encore plus d'égard à la prière qu'elle me faisait de ne les point trahir, parce qu'elle se trouverait la première exposée à son ressentiment; et que si je lui permettais, pour son propre intérêt de me donner un conseil, je ne pouvais mieux faire que de chercher, à son retour, l'occasion de lier promptement connaissance avec lui, pour prévenir les mauvaises interprétations qu'il pourrait donner à ce qu'elle avait fait en ma faveur.

S'il m'était échappé dans mes réponses quelques expressions passionnées que mademoiselle de L........ avait feint de ne pas entendre, j'avoue que la faible opinion que j'ai toujours eue de moi-même ne me permit pas non plus d'entrer tout d'un coup dans le sens de son conseil. Je n'y vis que le rapport qu'il avait au sujet de notre entretien, et je m'engageai aussitôt à exécuter toutes ses volontés. Cependant j'étais au désespoir que la présence de la gouvernante m'empêchât de lui expliquer mes tendres sentimens, surtout lorsqu'elle m'avertit qu'il était assez tard pour songer à se retirer. Quand retrouver, disais-je, une si heureuse occasion ? Je mourrai de regret de l'avoir manquée. Cette réflexion me fit passer si témérairement sur toutes mes craintes, que je suivis la première pensée que l'amour m'inspira. Il est juste, Mademoiselle, repris-je d'un air naturel, après le bon office que vous m'avez rendu, que je vous apprenne qui je suis, et mon devoir m'y oblige; mais j'ai quelques raisons, ajoutai-je en m'approchant d'elle, qui ne me permettent de m'ouvrir ici qu'à vous. Je continuai alors de lui dire, d'un ton que l'autre ne pût entendre, que j'étais le plus fortuné de tous les hommes, si je parvenais à lui faire connaître et à lui faire approuver ce qui se passait depuis deux mois dans mon cœur ; mais que j'en allais être le plus malheureux, si elle ne me permettait pas d'emporter cette espérance. Sa rougeur, et la crainte d'être entendu, me firent reculer aussitôt ; mais j'ajoutai en me retirant : voilà, Mademoiselle, qui je suis. Vous voyez s'il était important pour moi de ne pas m'expliquer avec moins de mesures ; c'est à votre bonté que je recommande un si précieux secret. Elle se remit promptement de son embarras, et m'avertissant de nouveau qu'il était temps de la quitter, elle me dit avec douceur que mon secret ne courait aucun risque ; mais que m'ayant conseillé de lier connaissance avec son père, il aurait peut-être été mieux que je l'eusse réservé pour lui. Jugez avec quels sentimens de joie je reçus cette réponse. S'il fallut les modérer un moment, ce fut pour m'y livrer avec transport aussitôt que je fus sorti. En effet, quel excès de bonheur ! Un étranger, sans liaison et sans appui, se trouver favorisé tout d'un coup dans ses plus chers désirs; aimer la plus charmante personne de Paris; voir sa fortune au comble par l'espérance de lui plaire; n'y découvrir que des sujets d'admiration et d'amour; car je ne vous ai pas décrit la moitié de ses charmes, je ne vous ai dit que ce qui m'avait frappé dans l'éloignement; mais figurez-vous.....

J'interrompis Patrice au milieu de cette effusion de cœur. Je conçois, lui dis-je, que la connaissance de votre amour peut être nécessaire à l'éclaircissement de vos affaires; mais vous devriez vous épargner ces détails passionnés, qui ne m'apprennent rien que je ne puisse supposer, et que ma profession ne me permet pas d'entendre sans quelque embarras. Comptez que je n'ai pas besoin d'autres motifs que mon affection, pour m'intéresser à vos plaisirs et à vos peines. Ce discours l'affligea. Il me conjura en m'embrassant, de ne le pas priver de la seule consolation qui lui restait. Je vous ouvre mon cœur, me dit-il ; vous devez tout entendre. Si vous voulez connaître mes maux, pourquoi n'en connaîtriez-vous pas la source ? Hélas ! il ne me reste rien de tout le bonheur et de tous les biens que je vous vante. Apprenez du moins toutes les raisons que j'ai de les regretter.

Il continua son récit. Figurez-vous donc mille charmes que je n'achève pas de décrire ; mais dont vous jugerez beaucoup mieux par l'impression qu'ils ont faite sur mon cœur. J'avais trop de joie pour la contenir tout entière. Dès le lendemain je sentis qu'un amant ne peut se passer du secours d'un ami, soit pour applaudir à son bonheur, soit pour l'aider à tous momens de ses conseils. J'en éprouvais déjà la nécessité, par l'incertitude où j'étais sur la nouvelle conduite que je devais tenir dans mon amour. Fallait-il voir mademoiselle de L...... chez elle, ou différer jusqu'au retour de son père ? Lui écrire dans cet intervalle, ou continuer de me présenter devant sa maison avec le même respect et le même silence.

Il ne faut point d'art ni d'étude pour savoir aimer; mais je ne sentais déjà que trop qu'on en a besoin continuellement pour régler une passion violente, quand on veut se contenir dans les bornes de la bienséance et de l'honneur. Cette pensée m'aurait peut-être porté à ne pas prendre d'autre confident que vous, si je n'eusse redouté la sévérité de vos principes. Il ne me restait à choisir qu'entre M. des Pesses et mon frère. J'eus quelque défiance de la fidélité du premier, à cause de l'attachement extraordinaire qu'il marquait pour vous ; et je considérai d'ailleurs que pour lier connaissance avec M. de L...... et pour d'autres événemens qui pourraient naître, je tirerais toujours plus d'avantage et d'honneur de l'entremise de mon frère.

Je me hâtai donc de le voir. Il reçut ma confidence avec les marques d'une vive satisfaction. Je suis ravi, me dit-il, que vous commenciez à songer à vous. Ne doutez pas que je ne vous aide de tout mon pouvoir. Si mademoiselle de L.....

est telle que vous le dites, et disposée comme vous vous en flattez, je ne considère pas seulement votre entreprise comme une épreuve de cœur qui servira à vous rendre plus galant homme, mais comme un acheminement même à quelque chose de solide. Est-elle riche? ajouta-t-il. Je ne pouvais satisfaire à cette question; mais l'air de propreté et d'abondance que j'avais vu régner dans sa maison m'avait fait bien juger de sa fortune. Il suffit, me dit Georges. L'ambition d'un cadet d'Irlande doit avoir des bornes. Il serait à souhaiter seulement qu'elle fût de la même religion que nous. Mais comme elle peut changer, l'essentiel est qu'elle soit assez aimable pour satisfaire votre cœur, et assez riche pour vous former un établissement. Il me promit là-dessus qu'avant la fin du jour il serait en état de m'aider de sa personne ou de ses conseils. Nous convînmes que pendant qu'il allait s'employer pour moi, je retournerais aux Saisons; et que, dans la crainte de vous trouver opposé à nos projets, je prendrais d'avance toutes sortes de précautions pour vous les cacher. J'allai vous rendre compte effectivement de mon voyage de Saint-Germain, et vers le soir je retournai à Paris sous un autre prétexte.

Georges était déjà fort avancé. Vous allez distinguer, me dit-il en me voyant paraître, qui vous est le plus affectionné, du doyen ou de moi. Je vous réponds du succès de votre amour et de l'établissement de votre fortune. En effet, comme vous le connaissez hardi et entreprenant, il avait plus fait dans un après-midi que je n'aurais attendu de mes propres soins dans l'espace de plusieurs semaines. Il me raconta que, sous le prétexte d'acheter quelques bijoux chez un marchand dont la maison touchait à celle de M. de L....., il s'était informé adroitement de ses affaires et de ses habitudes; et qu'ayant appris, entre plusieurs circonstances, que la gouvernante qu'il avait mise auprès de sa fille depuis la mort de son épouse, était une vieille dame irlandaise, il avait conçu aussitôt un autre dessein, dont le succès m'allait combler de joie. Il était allé demander cette dame après avoir appris son nom. Il s'était fait connaître d'elle par le nôtre, pour lequel elle avait marqué beaucoup de considération ; et faisant valoir ensuite l'inclination que des personnes du même pays doivent avoir à s'obliger, il l'avait priée avec confiance de lui apprendre, pour quelques raisons qu'il ne tarderait point à lui expliquer, ce que c'était que M. de L..... et sa fille. Elle lui avait parlé fort honorablement de l'un et de l'autre, sur quoi Georges lui avait dit que ce témoignage le guérissait d'une mortelle inquiétude ; qu'ayant un frère plus jeune que lui qui avait conçu une passion extrême pour mademoiselle de L....., et qui paraissait résolu de lui sacrifier toute autre proposition d'établissement, il avait appréhendé qu'il n'eût mal tourné ses vues et ses espérances ; mais que, loin de le condamner après ce qu'il venait d'entendre, il la priait de la favoriser dans l'occasion, et de lui rendre, auprès de sa maîtresse, tous les bons offices qui dépendraient d'elle. Il lui avait offert ensuite un diamant de quelque prix, qu'elle n'avait pas fait difficulté d'accepter, et qui avait contribué peut-être autant que notre pays et notre nom à lui faire déclarer le secret de mademoiselle de L..... Elle avait assuré mon frère que si j'étais, comme elle n'en pouvait douter, le même jeune homme qui avait cherché si assidument, depuis environ deux mois, les regards de mademoiselle de L....., je devais être fort content de mon sort; que ma figure et la constance de mes soins avaient fait sur elle une impression surprenante, et qui ne ferait sans doute qu'augmenter lorsqu'elle apprendrait ma naissance. Georges ajouta qu'il l'avait pressée de me procurer la satisfaction de voir ma maîtresse, et qu'il l'avait trouvée intraitable sur ce point. Je vous servirai, lui avait-elle dit; mais je ne trahirai point la confiance de M. de L..... Elle avait eu même la discrétion de lui cacher l'aventure du jour précédent, dont le discours qu'il lui avait tenu pouvait faire soupçonner qu'il fût informé; et elle lui avait conseillé de prendre les voies d'honneur, en s'autorisant de la connaissance du père, qui devait être à Paris quelques jours après. Cependant elle n'avait pu rejeter une autre proposition, qui était celle de lui accorder à lui-même la liberté de saluer mademoiselle de L..... Elle avait pris un moment pour la disposer à cette visite, et les explications imprévues qu'elles lui portaient l'avaient fait consentir à la recevoir. Enfin Georges, s'étendant sur les qualités charmantes qu'il avait reconnues dans mademoiselle de L..... et sur les tendres aveux qu'il avait tirés d'elle en ma faveur, acheva de m'enflammer à un degré inexprimable, et me rendit véritablement le plus passionné de tous les hommes.

Vous ai-je bien servi, me dit-il ensuite, et me croyez-vous votre ami? A peine pouvais-je trouver des termes pour lui exprimer ma reconnaissance. Comptez, reprit-il, que je me charge de même de vous ménager la connaissance et l'amitié de M. de L..... ; et je ne vois rien de toutes parts qui ne m'annonce une fin aussi heureuse que vous la souhaitez. Mais, continua-t-il, après avoir rêvé quelques momens, êtes-vous si occupé de vos propres intérêts, que vous abandonniez entièrement ceux de la pauvre Rose? Où en est son mariage avec des Pesses? Consentirez-vous à cette infamie? Les caprices du Doyen ruineront-ils la fortune d'une si aimable fille? Il faut absolument la délivrer de ses mains. Voyez si vous voulez contribuer à lui rendre ce service. Un discours si peu attendu me causa le dernier embarras. Je demeurai rêveur à mon tour; mais il me pressa instamment de répondre.

Il est certain que je frémis d'abord à cette proposition, et que toutes mes réflexions tombant sur vous, je ne pus supporter la pensée de vous causer un aussi mortel chagrin que celui de vous enlever de nouveau ma sœur. Ce n'est pas pour vous faire valoir mes sentimens que je vous fais cette protestation : ma seule vue est d'être sincère dans mon récit. Je ne prétends pas non plus rejeter sur Georges tout ce que vous avez pu trouver d'odieux dans nos dernières résolutions. Vous devez le connaître comme moi. Il est droit et généreux ; et je lui dois cette justice, que si le ressentiment de l'injure qu'il croyait avoir reçue de vous l'a fait aller trop loin, il n'a pas laissé de conserver pour vous les sentimens d'un frère, et de penser même à vos intérêts. Mais enfin je suis le moins coupable, et je trouve de la douceur à vous le dire ; car le Ciel m'est témoin de l'attachement sincère que j'ai pour vous, et du tourment que m'ont causé toutes vos peines. Nous le ferons mourir de chagrin, ai-je dit cent fois à Georges ; il nous aime avec la dernière tendresse, et notre ingratitude lui perce le cœur.

J'interrompis de nouveau Patrice, et pressé de mon affection, qui était renouvelée par ces témoignages de la sienne :

Oui, cher frère, lui dis-je en l'embrassant, je sais que votre cœur est tel que vous le dites; qu'il n'y a rien de bon et de vertueux qu'ils ne soit disposé à goûter, et qu'il n'est point capable de renoncer volontairement au devoir. Je commence à comprendre ce qui vous a éloigné de moi. C'est une passion à laquelle vous avez laissé prendre trop d'empire. Vous vous êtes flatté d'y trouver votre repos. Le Ciel ne l'a pas permis, j'en suis sûr. Quelques momens d'une joie frivole et sujette à mille altérations, ne composent pas le bonheur après lequel votre cœur soupire. Il est fait pour un autre amour, et pour une félicité plus parfaite. Tôt ou tard il en obtiendra la connaissance et le goût. Et que ne puis-je en avancer le moment aux dépens d'une partie de la mienne! Mais continuez votre récit, que j'interromps trop long-temps.

Il reprit ainsi: Envain représentai-je à Georges la répugnance que j'avais à vous chagriner. Sa réponse fut que vous n'aviez pas eu tant d'attention pour lui, lorsque lui enlevant ma sœur à l'hôtel de Carnavalet, vous l'aviez laissé pendant vingt-quatre heures dans une inquiétude qui n'avait guère paru vous toucher; que ses vues, d'ailleurs, ne tendant qu'au bien de Rose et à l'honneur de notre famille, vous seriez contraint d'approuver quelque jour ce qu'il voulait faire pour elle; que je serais toujours témoin de ses démarches, et qu'il voulait commencer sur-le-champ à me faire une confidence qui me ferait entrer tout-à-fait dans ses sentimens. J'ai lié, me dit-il, une étroite amitié avec milord Linch, jeune seigneur irlandais dont vous connaissez le nom. Il est riche et maître de lui-même. Je suis persuadé qu'il ne verrait pas Rose sans prendre de l'inclination pour elle. Nous aurons soin qu'il n'arrive rien qui puisse nous être reproché. Je vous confesserai même, ajouta-t-il, que le portrait que je lui ai fait d'elle, lui a fait naître une pressante envie de la voir, et qu'il m'en parle incessamment. C'est à vous de faire votre devoir aux Saisons, en tâchant à faire goûter mon projet à ma sœur ; ou, si quelque difficulté vous arrête, ménagez-moi du moins le moyen de l'entretenir, sans la participation de des Pesses et du Doyen.

J'embrassai avidement ce dernier parti qui me délivrait d'un emploi que je n'aurais pas accepté volontiers. La nuit étant le seul temps que je pouvais choisir pour l'introduire secrètement aux Saisons, nous convînmes qu'il s'y rendrait dès le lendemain au soir, et que je préviendrais Rose sur cette visite. Je le laissai aussi content de cette promesse, que je l'étais des heureuses nouvelles qu'il m'avait rapportées ; et comme il restait encore assez de jour pour me faire espérer de voir mademoiselle de L...., je me rendis dans sa rue, où je demeurai quelque temps sans l'apercevoir à sa fenêtre. Elle y était néanmoins, mais cachée derrière le rideau. Ce ne fut qu'après avoir passé près d'un quart d'heure à la porte du café, que je crus la découvrir par une ouverture qu'elle fit au rideau en se remuant sans précaution. La crainte de lui déplaire, lorsqu'elle paraissait souhaiter de n'être pas aperçue, m'empêcha de la saluer : mais je conçus qu'étant favorisée du jour, elle pouvait de-là m'examiner fort aisément. J'avais peine à modérer mes transports, qui étaient prêts continuellement à me trahir. Enfin, levant le rideau, elle se laissa voir à découvert, et je lui fis connaître aussitôt, par une révérence fort animée, l'impatience avec laquelle j'avais attendu cet heureux moment. Elle me salua civilement, mais sans aucune marque d'intelligence. Elle affecta ensuite de tourner les yeux d'un autre côté, tandis que les miens étaient constamment attachés sur elle. Je ne sais quelles étaient ses pensées ; mais son cœur, qui était si heureusement prévenu pour moi, ne souffrit pas longtemps qu'elle lui fît cette violence et à moi cette injustice. Il me ramena peu à peu ses regards, qui se rencontrèrent enfin avec les miens. Nous rougîmes tous deux, en cherchant dans les yeux l'un de l'autre toute la tendresse que nous étions charmés d'y trouver. Je m'oubliais dans cette délicieuse contemplation. Je m'égarais dans mille sentimens qui m'étaient encore inconnus. Je goûtais plus de plaisirs que je n'avais jamais eu d'idées, lorsqu'un domestique de la maison venant par hasard à sortir, la porte demeura ouverte. Aussitôt perdant de vue tout obstacle, et comme entraîné par le charme qui agissait sur tous mes sens, je traverse la rue, et j'entre dans la cour. Je serais monté de même à l'appartement, si je n'eusse rencontré un autre valet qui me demanda ce que je désirais. Je demeurai sans réponse. Cependant un instant me fit revenir à moi; et craignant qu'après ce qu'on m'avait recommandé la veille, et ce qu'on avait confirmé le même jour à mon frère, on ne fût offensé de ma hardiesse, je pris le parti, pour couvrir cette discrétion, de demander seulement madame Gérald. C'était le nom de la vieille dame irlandaise que Georges avait mis dans mes intérêts.

On m'introduisit dans une salle où elle ne tarda point de paraître. Je la reconnus pour la même dame qui était la veille avec mademoiselle de L.... Elle la quittait au même moment, de sorte que m'ayant vu traverser la rue et venir droit à la maison, elle n'avait pu douter que ce ne fût moi qui la faisait appeler. J'ouvrais la bouche pour commencer par des excuses, et pour lui apprendre ensuite que j'étais le frère de milord C..., à qui elle avait promis de favoriser mes sentimens. Mais elle me fit connaître, en me prévenant, qu'elle n'avait pas besoin de cette instruction. Vous êtes un imprudent, me dit-elle, de paraî-ici avant le retour de M. de L..., et je venais pour vous en faire des reproches. Mais je me sens si bien disposée pour vous que je n'en ai pas la force. Assayez-vous, continua-t-elle ; je veux vous expliquer ce que nous pensons ici, ce que vous avez à prétendre, et de quelle manière vous devez vous conduire.

Nous nous assîmes. Elle baissa la voix, et sans me laisser le temps de la remercier, vous savez, me dit-elle, que M. de L..... et sa fille sont luthériens, et vous êtes surpris, sans doute, de voir chez eux une

Irlandaise catholique. J'étais parente de feu madame de L....., qui me prit avec elle pour faire le voyage d'Allemagne, où son mari était envoyé de la Cour. Nous y passâmes plusieurs années, pendant lesquelles elle mit sa fille au monde. Une curiosité dangereuse ayant porté M. de L... à s'instruire de la religion du pays, il y prit tant de goût qu'il l'embrassa, et par un effet du même zèle, il employa tant d'efforts et d'adresse pour gagner l'esprit de son épouse, qu'il la rendit aussi luthérienne. Leur fille fut élevée par conséquent dans les mêmes principes. On n'épargna rien pour me les inspirer; mais le secours du Ciel m'a soutenue contre toutes sortes de séductions. Je ne laissais pas de vivre chez eux avec la même amitié et dans la même union, sans me croire en droit de raisonner sur la conduite d'autrui; et M. l'Envoyé même, qui connaissait mon caractère tranquille et mon attachement pour sa maison, ne perdit rien de la confiance qu'il avait toujours eue pour moi. Quelque temps après, il fut rappelé par la Cour, qui, malgré toutes les précautions qu'il avait gardées, eut quelque soupçon de son changement. Il aurait volontiers renoncé à sa patrie, pour fixer son séjour et son établissement en Allemagne; mais les biens considérables qu'il avait en France, l'obligèrent d'y revenir avec sa famille; et, persistant dans ses idées de religion, il entreprit, pour se dédommager de la contrainte à laquelle il était forcé par les édits du Roi, de rendre tous les bons offices du zèle et de la charité au petit nombre de luthériens qui sont à Paris. C'est ainsi qu'il est devenu comme leur père commun, et qu'il est parvenu à faire une espèce de temple et de cimetière de sa maison.

La mort lui enleva son épouse il y deux ans. Elle n'était point attachée à ses opinions d'une manière si ferme, que l'approche de l'éternité ne lui causât de vives alarmes. Ce fut dans un de ces momens d'agitation qu'elle m'ouvrit son cœur avec des marques d'inquiétudes qui me firent connaître que sa tendresse pour son époux avait été le principal motif de son changement. Je la pressai de se réconcilier avec l'Eglise, et je lui procurai secrètement le secours d'un ecclésiastique, qui rendit enfin la paix à sa conscience. Il l'obligea de déclarer à sa fille dans quels sentimens elle mourait, et de l'exhorter à profiter de son exemple.

Quoique ces derniers conseils d'une mère mourante n'eussent pas fait sur mademoiselle de L..... toute l'impression que j'eusse désiré, j'augurai bien de ses dispositions lorsque je la vis supplier son père de me laisser auprès d'elle. Il l'aimait trop, et il était trop satisfait de ma conduite pour lui refuser cette faveur. Je lui ai tenu lieu de mère depuis qu'elle a perdu la sienne. Sa confiance et son amitié pour moi n'ayant point de bornes, elle n'a point eu, depuis deux ans, de pensées ni de sentimens qu'elle ne m'ait communiqués. Tous mes soins ont tendu à la détacher insensiblement de sa religion, tantôt en lui rappelant les derniers discours de sa mère, tantôt en lui proposant des objections et des doutes, suivant la mesure de mes propres lumières; mais la crainte de me rendre suspecte par un zèle trop ardent, et surtout les ménagemens que j'ai à garder avec son père, m'ont toujours fait modérer mes exhortations et mes conseils. Je sème; c'est au Ciel à bénir mes efforts, en me faisant recueillir un jour les heureux fruits que j'en espère.

Enfin, ajouta madame Gerald, comme il est rare que je sois éloignée d'elle, il y a environ deux mois que nous vous aperçûmes de nos fenêtres, et que nous remarquâmes avec quelle admiration vous jetiez les yeux vers nous. Je ne doutai point que ce ne fût l'effet des charmes de mon élève, et je lui en fis la guerre en badinant. Elle convint que votre attention ne lui déplaisait pas, et que votre air lui revenait beaucoup. Je ne lui avais jamais inspiré ces farouches maximes qui font craindre à une fille la vue d'un homme aimable, et qui augmentent le péril en apprenant trop à s'en défier. Il faut tôt ou tard que le cœur aime quelque chose; et ce n'est pas un penchant si invincible que la sagesse est obligée de combattre; mais il faut qu'elle l'éclaire, pour ne lui pas laisser prendre un cours aveugle, et qu'elle songe en même temps à se fortifier assez pour l'arrêter toujours à ses justes bornes. J'ai accoutumé mademoiselle de L....., par ces principes, non-seulement à ne pas se faire une peine des mouvemens indélibérés de son cœur, mais à ne jamais s'y livrer témérairement; et je fais plus de fond sur cette sorte de vertu que sur toutes les grimaces affectées auxquelles notre sexe en donne le nom. Elle convint donc que vous lui plaisiez, et je n'eus point d'autre objection à lui faire que l'imprudence qu'il y aurait à prendre du goût pour un inconnu. Vous continuâtes de venir régulièrement au café voisin, ou vis-à-vis de nos fenêtres. On ne perdait point une seule fois l'occasion de vous voir, quoiqu'on ne se montrât pas toujours à vous. On vous tenait compte de tous vos soins, et je vous avoue qu'après avoir considéré qu'un amour aussi timide et aussi respectueux que le vôtre devait venir d'une autre source que la légèreté ou le libertinage, je me sentis fort portée à souhaiter que vous fussiez de la naissance et du caractère que les dehors annonçaient. J'avais même de l'embarras à répondre à mon élève lorsqu'elle me consultait sur le progrès de ses sentimens. Attendez, lui dis-je; le temps nous fera connaître s'il est digne de vous. Il cherchera tôt ou tard à s'expliquer. Mais demeurez toujours maîtresse de votre cœur. Elle m'assurait que son inclination supposant que vous étiez tel qu'elle se l'imaginait, elle n'aurait pas de peine à la vaincre si le fond répondait mal aux apparences; mais qu'elle aurait un mortel regret de s'être trompée; et elle confessait que vous lui paraissiez fait pour la rendre heureuse.

O Dieu! m'écriai-je en interrompant madame Gerald, ai-je pu ignorer si longtemps mon bonheur? Permettez donc que je la voie, et que j'aille mourir de joie et de reconnaissance à ses pieds. Non, reprit-elle; c'est une chose résolue; vous ne lui parlerez que du consentement de son père. Mais écoutez ce qui doit soutenir votre espérance. Depuis qu'elle vous a entretenu, et que j'ai parlé moi-même à votre frère, nous sommes résolus de faire pour vous tout ce qui pourra contribuer à vous rendre M. de L..... favorable. Il aime passionnément sa fille, et il lui a déclaré mille fois qu'il lui laisserait la liberté de satisfaire son cœur dans le choix d'un mari. Quel que soit votre bien, le défaut de richesses ne saurait être un obstacle. Mademoiselle de L..... est une héritière qui peut faire la fortune d'un homme qu'elle aime. Il n'y a que la différence de religion qui me fasse craindre quelque nuage. Mais nous avons tout prévu avec un zèle qui vous persuadera que nous nous occuperons sérieusement de vos affaires. Lorsque vous vous serez insinué dans l'amitié de M. de L....., et qu'avec un peu plus de familiarité nous reconnaîtrons mieux encore que vous méritez l'opinion que nous avons de vous; si nous ne voyons pas qu'il penche à vous rendre heureux, nous prendrons le parti d'attendre que sa mort ou l'âge de sa fille nous mette en liberté. Nous vous répondons de notre constance. Toutes ces résolutions, ajouta-t-elle, sont prises d'aujourd'hui. Vous ne sauriez croire avec quelle joie nous avons reçu les explications de votre frère. Il m'a offert un diamant, que j'ai accepté comme un gage de sa bonne foi et de la vôtre. Hier au soir, vous me vîtes embarrassée; et quoique le conseil que vous donna mademoiselle de L....., de lier connaissance avec son père, fût venu de moi, je regrettais sa dernière réponse, qui m'avait parue trop flatteuse pour un inconnu. Mais aujourd'hui je ne donne plus de bornes à vos espérances ni à la passion que j'ai de vous rendre service.

Ah! lui dis-je en baisant ses mains, vous faites plus pour mon bonheur que je ne puis attendre de tout le pouvoir des hommes et de la fortune. Mais croyez-vous que je puisse vivre, si vous ne m'accordez en ce moment le plaisir de voir Mademoiselle de L...., de lui parler, et de lui dire mille fois que je l'adore, de lui abandonner ma vie et ma destinée....? Elle me protesta de nouveau que c'était une prière inutile; qu'on ne me défendait pas de venir suivant ma coutume au café voisin, et qu'on ne me désespérait pas par des rigueurs contrefaites; mais que ne voulant rien avoir à se reprocher, on attendait absolument le retour de M. de L...., à qui l'on souhaitait que je puisse faire agréer promptement mes visites. Dans le chagrin de me voir comme arracher un plaisir auquel j'avais cru toucher, et pour lequel le transport où j'étais m'aurait fait sacrifier un Empire, il me vint à l'esprit que madame Gerald, qui avait reçu le diamant de mon frère, pourrait bien être sensible encore à quelque libéralité de cette nature; et rien ne se présentant plutôt à ma mémoire que ma portion de nos trente mille livres, je lui dis, sans rien examiner, que si ma qualité de cadet ne m'avait pas fait tomber les bijoux en partage, je ne laissais pas d'avoir environ mille pistoles d'argent comptant; et que c'était tout ce que j'avais apporté d'Irlande; et que cette somme était à elle si elle me procurait la satisfaction que je lui demandais, et qu'elle pouvait m'accorder. Quelque imprudence qu'il y eut dans cette offre, elle était proposée du fond du cœur. Je ne sais ce qu'elle parut à madame Gerald; mais elle dut lui paraître sincère, puisqu'elle en fut si touchée, que me quittant sans répondre, elle monta aussitôt à l'appartement de L....., d'où elle revint au bout de quatre minutes, avec l'heureuse permission de m'y conduire. Venez, me dit-elle en me prenant par la main, vous êtes un amant d'un caractère tout nouveau, et qui méritez bien qu'on se relâche de quelque chose pour vous empêcher de mourir ou de vous ruiner. Cependant elle exigea en montant l'escalier, que je promisse avec serment de ne pas lui demander deux fois la même faveur jusqu'au retour de M. de L.....

Je lui aurais promis ma vie, et tout ce qui ne pouvait m'ôter le plaisir dont j'allais jouir. Je jure, lui dis-je, de vous obéir éternellement. Et voyant mademoiselle de L..... qui était de bout à nous attendre, je me jetai à genoux comme j'aurais fait à l'entrée d'un temple. Je n'aurais pas quitté cette posture, si elle ne m'eût ordonné absolument de m'asseoir. Nous commençâmes un entretien où la passion n'eut point d'autres bornes que l'honneur et la modestie. Mais je vous épargne des circonstances que la sévérité de vos maximes ne vous laisse point entendre volontiers. Je passai avec mademoiselle de L.... deux heures, qui ne furent qu'un continuel transport, et j'emportai en la quittant de quoi être heureux pendant des siècles entiers, du seul souvenir de tant d'amour et de plaisir.

Il était trop tard pour aller faire part de mon bonheur à Georges. Je ne pensai qu'à gagner les Saisons, où, plein de ma joie, qui me faisait paraître rêveur et distrait, j'eus le plaisir de vous voir attribuer à mon humeur mélancolique les plus délicieuses méditations qui puissent occuper un amant. Rose fut la seule à qui je crus pouvoir découvrir mon secret, autant pour flatter mon propre cœur par cette confidence, que pour la préparer à la visite de mon frère. Je passai une partie de la nuit à lui peindre les charmes de mademoiselle de L....., et je lui fis naître une envie pressante de s'en faire une amie. Comme elle m'avait déjà confié l'état de son cœur, et que je lui connaissais pour M. des Pesses des sentimens tous différens de ceux que je lui avais crus en Irlande, rien ne m'empêchait de lui déclarer d'avance que le dessein de Georges était de lui procurer un amant. Elle me répondit qu'elle ne s'engagerait à rien sans votre participation. Vous êtes plus sage que moi, lui dis-je; mais je vous ai laissé vos affaires à démêler avec Georges, qui sera ici demain au soir, et qui veut y être secrètement. Nous prîmes des mesures pour l'introduire dans ma chambre, où elle consentit à se rendre lorsque tout le monde serait retiré. Je la laissai déterminée à ne rien entreprendre sans vous consulter, et je ne combattis point cette résolution; mais, pour continuer d'être sincère, l'intérêt qu'elle m'avait paru prendre au récit de mon amour, me fit juger qu'elle ne serait pas toujours sans goût pour les mêmes plaisirs, et que milord Linch ne serait pas rebuté s'il avait assez de mérite pour lui plaire.

Je me dérobai le lendemain pour retourner à la source de ma joie et de mon repos. Si j'observai fidèlement la loi que madame Gerald m'avait imposée, je fus récompensé de cette soumission par d'autres complaisances qui satisfirent ma tendresse. Je rendis compte ensuite à mon frère de toutes les circonstances qu'il ignorait, et de la disposition où Rose était de le voir la nuit suivante. Il me promit d'être à minuit aux Saisons, et il me recommanda d'avance de faire naître quelque prétexte pour aller le jour d'après à Saint-Germain, parce qu'il avait formé de nouvelles vues qu'il remettait alors à m'expliquer.

A l'heure marquée, rien ne me fut si facile que de l'introduire dans ma chambre. Ma sœur s'impatientait à l'attendre ; et toute la maison était déjà dans un profond sommeil. Vous vous imaginez quel put être le sujet de leur entretien. Georges employa tout son esprit pour donner un tour insinuant à ses offres et à ses prières. Il ne proposa pas d'abord ouvertement de quitter les Saisons ; mais après avoir parlé de milord Linch comme d'une conquête certaine, et relevé l'avantage qu'il y aurait pour ma sœur à l'épouser, il lui représenta qu'une affaire si importante ne pouvait être ménagée qu'à Paris ; qu'il était question de s'assurer une fortune, un rang, un titre, et que ces favorables occasions ne renaissent pas toujours ; qu'ayant vécu quelque temps seule avec lui, elle avait du rendre plus de justice que vous à l'innocence de ses vues et de sa conduite, et ne pas donner si légèrement dans vos fausses alarmes ; qu'il conviendrait toujours que vous étiez plus capable que personne de faire d'elle une religieuse et une sainte ; mais que si elle n'était pas résolue de s'ensevelir dans un cloître, elle n'avait point d'autre parti à prendre, que de se produire dans le monde, et de faire valoir ses qualités naturelles, qui étaient désormais son unique ressource ; que j'avais reconnu moi-même le tort que nous avions eu de nous rendre esclaves de vos conseils, et que je commençais à me trouver bien de leur avoir préféré les siens. Enfin il joignit à ces raisons les instances les plus tendres et les plus pressantes. Je croyais Rose vaincue. Cependant elle eut la force de se défendre ; et refusant constamment de vous quitter, elle consentit seulement à recevoir la visite de milord Linch, quand nous pourrions l'amener aux Saisons avec bienséance.

Mon frère parut satisfait de ce qu'il avait obtenu. Nous allâmes à Saint-Germain le jour suivant. On y avait déjà quelque connaissance de nos querelles domestiques ; et le dessein de Georges était de faire tomber, par notre présence, un bruit dont l'effet ne pouvait nous être avantageux. On ne douta plus de notre bonne intelligence lorsqu'on nous vit paraître ensemble à la Cour. Nous y fûmes reçus favorablement du Roi, et comblés de civilités de nos amis.

Ce fut en raisonnant avec eux, sur divers projets d'établissement et de fortune, que M. de Sercine, à qui Georges avait déjà confié le fond de nos affaires, et qui entrait dans ses idées sur la nécessité de produire ma sœur à la Cour, nous offrit de la recevoir dans sa maison, où elle serait agréablement avec son épouse et sa fille. Nous acceptâmes cette proposition avec reconnaissance ; et lorsque je fus seul avec mon frère, je lui demandai s'il n'espérait pas que vous pussiez l'approuver vous-même, et prendre cette occasion pour nous réconcilier sincèrement. J'en doute, me dit-il ; car quelle espérance de le guérir de ses scrupules, et de le rassurer sur les dangers du bal, des spectacles et des assemblées? Il demande du temps pour fortifier Rose ; mais dans ses idées une femme ne sera-t-elle pas toujours faible? Ne nous exposons pas, ajouta-t-il, à lui voir renverser de nouveau tous nos projets. Commençons par la délivrer de ses mains, et par établir sa fortune. Il sera toujours temps de nous réconcilier ; et s'il trouve après cela qu'elle ait encore besoin de ses instructions, nous l'abandonnerons à son zèle. Je me rendis d'autant plus aisément à ces spécieuses raisons, que je voyais dans milord Linch, un empressement extrême pour la connaître, et que je ne doutais point qu'il ne pût s'attacher sérieusement à elle après l'avoir vue. Il me demanda mon amitié, que je lui promis volontiers en acceptant la sienne. Il était d'un caractère vif et ouvert, mais plus capable de prendre beaucoup d'amour que d'en inspirer. Connaissant Rose, je concevais que pour faire la conquête de son cœur, il eût fallu dans un amant des qualités plus brillantes, et surtout plus d'esprit et de noblesse de sentimens. Cependant, comme il n'était question que de fortune, et que Georges ne lui en avait pas parlé sur un autre pied, je me figurai que ce motif pourrait l'accoutumer à le souffrir comme il l'avait fait consentir à le voir.

Peu de jours après, nous ménageâmes si heureusement l'occasion, qu'étant venu aux Saisons avec Georges, il y passa une partie de l'après-midi. Quelques affaires vous avaient obligé de sortir avec M. des Pesses, et j'avais pris soin, la veille, d'avertir mon frère de votre dessein. J'examinai curieusement l'impression que Linch fit sur ma sœur. Elle fut conforme à mes conjectures, c'est-à-dire que malgré la passion qu'il conçut tout d'un coup pour elle, elle n'y vit qu'un homme riche qui pouvait relever sa fortune. Pour lui, dont j'avais observé de même tous les discours et les mouvemens, il emporta tant d'amour en la quittant, que je crus l'établissement de Rose aussi certain que Georges l'avait prédit. Je fus exposé les jours suivans à des sollicitations continuelles pour lui procurer de nouveau la satisfaction de la voir; mais quoique mon frère y joignît les siennes, il me fut impossible d'en faire renaître l'occasion jusqu'à la maladie de M. des Pesses.

Cet accident, dont M. des Pesses eut assez de générosité pour vous cacher la cause, ne fut que l'effet de sa jalousie. Avec quelque soin que nous eussions gagné nos domestiques, il eut l'adresse, sur quelques soupçons, de tirer d'eux assez d'éclaircissemens pour découvrir une partie de la vérité. Sa passion, qui est montée depuis long-temps à l'excès, le porta à quelques plaintes, que ma sœur rejeta peut-être avec trop de hauteur, et qui faillirent causer sa mort, en achevant de lui faire perdre l'espérance. Quoique je fusse irrité moi-même de son indiscrétion, l'amitié que j'ai pour lui me fit prier Rose de le traiter avec plus d'indulgence pendant sa maladie, et elle s'y trouva disposée volontairement par la bonté de son naturel. Mais un temps si favorable ne fut pas négligé par milord Linch et mon frère, qui étaient souvent aux Saisons, tandis que votre amour pour l'étude vous retenait au milieu de vos livres. Ils y demeuraient même une partie de la nuit, que nous passions à souper, lorsque vous étiez livré au sommeil. Le rétablissement de M. des Pesses interrompit peu leurs plaisirs, parce que, sur quelques représentations que je vous fis goûter, vous le priâtes bientôt de retourner à Paris. Enfin milord Linch, absolument livré à Rose, nous proposa le dessein où il était de partager sa fortune avec elle, et le fit même éclater à Saint-Germain, en suppliant le Roi de l'approuver. J'avais cru devoir à Georges cette complaisance presque aveugle, pour reconnaître le zèle avec lequel il n'avait pas cessé de me servir. De tant de cœurs contens, le mien était le plus heureux, puisque avec l'espérance de la fortune, j'avais les plus doux plaisirs de l'amour; car il ne se passait pas de jour que je ne fisse le voyage de Paris, et que je n'y jouisse librement de la vue ou de l'entretien de mademoiselle de L.... Son père était revenu au temps qu'on l'attendait. J'avais l'obligation à Georges de m'avoir fait obtenir son amitié et quelques droits même sur sa reconnaissance. Comme c'était un homme dur et violent, qu'il eût été difficile de gagner par les voies ordinaires, mon frère avait employé un stratagême innocent dont le succès avait surpassé notre attente. Après s'être assuré du jour de son arrivée, il avait fait prendre des habits de soldat à deux laquais de milord Linch et aux deux siens, et, les ayant armés de pistolets, il les avait postés sur le grand chemin, avec ordre d'attaquer brusquement la chaise. Nous étions à cent pas d'eux, de sorte qu'ayant piqué nos chevaux, nous arrivâmes à son secours lorsqu'il se croyait dans le dernier danger. Quelques coups de pistolets tirés en l'air, d'autres marques de résistance et de combat lui persuadèrent facilement que nous avions exposé notre vie pour le défendre, et qu'il nous devait la sienne. Nous le trouvâmes muet et tremblant dans sa voiture; mais lorsqu'il nous vit maîtres du champ de bataille, il parut vivement touché du service qu'il venait de recevoir. Il nous pressa de lui apprendre le nom de ses libérateurs; il nous déclara le sien; enfin il nous offrit la disposition de sa fortune et de la vie que nous lui avions conservée. Mon frère lui répondit modestement, et pour mettre le comble au bienfait, nous le conduisîmes jusqu'aux portes de Paris, où, malgré ses instances, nous refusâmes de lui apprendre notre demeure; mais nous lui promîmes de n'être pas long-temps sans le revoir à la sienne.

Sa fille et madame Gerald étaient dans le secret de notre entreprise. Il ne manqua point de leur faire le récit du danger dont il sortait, et de leur vanter le service que nous lui avions rendu. Madame Gerald, qui, étant Irlandaise, devait naturellement connaître notre nom, ne l'entendit pas sans en prendre occasion de faire notre éloge. Elle s'épuisa particulièrement sur le mien; de sorte qu'étant allés chez lui deux heures après, nous le trouvâmes dans toute la chaleur de la reconnaissance et de l'estime. Il nous présenta sa fille, en lui recommandant de nous regarder désormais comme ses meilleurs amis. Il nous fit promettre que nous ne mettrions plus de distinction entre notre maison et la sienne, et que nous userions librement de tout ce qui lui appartenait. Je commençai à croire mon bonheur solidement affermi. Mademoiselle de L....., aussi charmée que moi du succès de notre artifice, se crut tout-à-fait autorisée à se livrer à sa tendresse. Nous eûmes la liberté de nous voir, le temps de nous connaître, et mille nouvelles raisons de nous aimer. Si la prudence ne nous permettait pas de faire d'autres propositions à son père, tout nous portait du moins à espérer heureusement de l'avenir. Il est vrai que nous gardâmes toujours assez de mesures pour lui déguiser nos sentimens; mais c'était par le conseil de Georges même et de madame Gerald, qui, voyant croître de jour en jour son amitié pour moi, s'imaginèrent qu'il pourrait se porter de lui-même à m'offrir sa fille. J'eus encore plus d'une fois la pensée, dans un temps où tout m'était favorable, et où vous n'auriez pu condamner mes vues et ma conduite, de vous faire l'ouverture de cette intrigue, pour m'autoriser de votre consentement. Je le proposai à Georges, qui s'obstina à me le défendre. Il me fit craindre que la différence de religion n'alarmât votre zèle, et ne vous fît traverser nos projets.

Voilà quelle était notre situation lorsque vous prîtes le parti d'aller à la Cour. Je donnai avis de votre départ à mon frère. Cette occasion lui parut propre au dessein qu'il entretenait toujours de vous enlever ma sœur. Il n'avait pu lui faire goûter jusqu'alors l'offre même de la conduire à Saint-Germain ; mais il ne douta pas que s'il pouvait engager M. de Sercine à se rendre aux Saisons avec son épouse et sa fille, la présence et la compagnie de ces deux dames ne missent beaucoup de changement dans ses résolutions. Je ne vous rappelle point le reste ; vous en pûtes juger par les circonstances dont vous fûtes témoin. Je me laissai vaincre à mon tour par les mêmes instances qui avaient vaincu ma sœur. A la vérité, j'en eus honte, lorsque vous me fîtes apercevoir votre chagrin; mais vous ayant vu prendre un air plus tranquille aussitôt que vous eûtes entendu M. de Sercine, je me figurai que vous approuviez ses raisons, et que vous nous verriez partir sans regret avec un guide tel que lui. Je pris même vos reproches pour des conseils qui regardaient moins le présent que l'avenir. Si vous ne croyiez pas ces excuses sincères, j'étais résolu du moins de retourner si souvent aux Saisons pour vous voir, que vous auriez à peine eu le temps de vous apercevoir de mon absence.

Enfin nous nous séparâmes de vous. Il est impossible que vous ayiez supporté notre séparation sans ressentiment, puisqu'elle vous a fait prendre aussitôt le parti de nous abandonner : mais si vous nous croyez coupables, si vous avez souhaité peut-être que le Ciel renversât nos desseins, et qu'il nous fît sentir par quelque châtiment la légèreté de notre conduite. Il ne vous a que trop entendu. Vous me voyez ici chargé de mes propres douleurs, et de celles d'un frère et d'une sœur encore plus malheureux, qui vous demandent des secours qu'ils ne peuvent plus attendre que de vous. Georges au fond d'un cachot, pour n'en sortir jamais. Rose dans un cloître, où son penchant ne l'a pas conduite, et que la nécessité néanmoins doit l'empêcher de quitter aussi long-temps qu'elle aimera la vertu et l'honneur. Moi dépouillé.... hélas! de tout le bonheur que l'amour m'avait promis; car je méprise toutes les autres richesses que je n'aurais pas obtenues avec l'unique bien qui me les faisait aimer. Mais pourquoi chercher d'avance à vous attendrir, lorsque mon récit demande plus que jamais votre attention.

En quittant les Saisons, nous nous rendîmes à Paris, où le projet de Georges était de faire passer quelques jours à ma sœur, pour la mettre en état de paraître honorablement à la Cour. M. de Sercine avec sa famille et milord Linch reprit au soir la route de Saint-Germain. Nous étions logés chez Georges, qui s'était donné nouvellement une maison propre et commode. Ayant dessein de rendre ma visite ordinaire à mademoiselle de L...., je proposai à ma sœur de satisfaire l'impatience qu'elle m'avait marquée de la connaître, et mon frère lui conseilla de m'accompagner, tandis qu'il allait s'occuper de quelques autres devoirs. Nous trouvâmes mademoiselle de L..... seule ; et la vue de Rose, que je lui faisais espérer depuis long-temps, la combla de plaisir. La vivacité et la joie animèrent long-temps notre entretien. Si j'étais charmé de faire connaître à ma maîtresse une sœur si aimable, je ne l'étais pas moins de pouvoir justifier aux yeux de Rose tout le mérite qu'elle m'avait entendu vanter cent fois dans mademoiselle de L..... Je me fis même une gloire de la tendresse extrême qu'on avait pour moi, et m'abandonnant à toute la mienne avec cet air de badinage qui fait le charme d'un amour innocent, j'obtins de mademoiselle de L.... mille nouveaux témoignages d'affection dont il semblait aussi qu'elle voulût se faire un mérite auprès de ma sœur. Jamais deux amans n'avaient paru si contens l'un de l'autre. Rose nous reprocha agréablement l'excès de notre passion. Nous lui répondîmes, du même ton, que c'était cet excès même qui devait nous servir d'excuse. Elle continua quelque temps de nous faire la guerre, et nous de nous défendre sans paraître disposé à céder à ses raisons. Mais je crus enfin m'apercevoir que l'enjouement qu'elle affectait était forcé. Je trouvai même un air de pesanteur et de mélancolie dans ses yeux. Pendant qu'elle s'efforçait de rendre la conversation agréable, elle était occupée de quelque rêverie, et la moitié de son attention s'arrêtait sur ce qui se passait dans elle-même. Je craignis que cette scène de tendresse ne lui fût devenue importune ; et quoique je ne la crusse point capable de se choquer mal-à-propos, il me vint à l'esprit qu'une délicatesse excessive pouvait lui faire trouver mauvais que nous n'eussions pas gardé plus de mesures avec elle dans une première visite. Ses distractions ne faisant ensuite qu'augmenter, jusqu'à lui faire garder le silence et perdre quelquefois le fil de nos discours, je jugeai qu'elle en était tout-à-fait fatiguée, et qu'elle souhaitait de se retirer. Elle y consentit en effet dès la première proposition.

Nous ne trouvâmes point Georges de retour au logis, et nous reçûmes un billet de lui à l'heure du souper, par lequel il nous faisait des excuses de ce qu'il ne pouvait nous tenir compagnie le jour de notre arrivée. Il se trouvait retenu malgré lui par M. le duc de.... son ami et son protecteur. Nous en serons plus libres, dis-je à ma sœur; et je souhaitais en effet de l'être, pour m'entretenir naturellement avec elle. Je ne lui avais pas encore fait connaître que je me fusse aperçu d'un changement de son humeur chez mademoiselle de L.... et comme je m'étais proposé de leur faire lier une étroite amitié, dans l'espérance d'en tirer beaucoup d'utilité pour mes intérêts, j'étais véritablement affligé que les apparences eussent répondu si mal à mes intentions du côté de Rose. Je soupai seul avec elle. J'attendais qu'elle s'expliquât sur ce qui avait pu lui déplaire, ou qu'elle me fît naître du moins quelque ouverture pour l'interroger. Elle se renfermait dans des éloges vagues de la beauté et de la douceur de mademoiselle de L...., sans perdre l'air rêveur qu'elle avait rapporté de notre visite. Enfin, voulant être éclairci, je lui demandai précisément ce qui lui avait causé l'altération dont je m'étais aperçu. Elle balança à me répondre. Je la pressai. Si c'est quelque chose, lui dis-je, qui intéresse mademoiselle de L...., comment pouvez-vous refuser de me l'apprendre? Je vous réponds déjà qu'elle vous aime tendrement, et qu'elle n'aurait pas moins de chagrin que moi de vous avoir déplu. Elle m'en a marqué de l'inquiétude en vous quittant.

Je lui fis d'autres instances auxquelles elle résista long-temps; cependant je voyais que son cœur était plein, et qu'il ne demandait qu'à se soulager. Je me plaignis de ce qu'elle manquait de confiance pour moi, qui lui avais toujours porté une affection particulière, et qu'elle avait toujours aimé aussi avec une espèce de prédilection. Hé bien, me dit-elle, en cachant d'une main son visage, que me servira-t-il de vous dire que je ne puis aimer milord Linch, et que j'aimerais autant mourir que de me voir forcée à l'épouser? En aimez-vous un autre, interrompis-je aussitôt. Non, reprit-elle, mais je sens que je ne puis être heureuse avec un homme que je n'aimerais pas. Vous me forcez de vous découvrir la faiblesse de mon cœur, ajouta-t-elle en soupirant. Je n'ai pu voir mademoiselle de L..... si contente de sa tendresse et de la vôtre, sans être jalouse d'un bonheur qui n'est pas fait pour moi. Qu'elle est heureuse, et vous aussi! Je suis aussi tendre qu'elle, et je n'ai pas le moindre espoir de trouver un peu de douceur dans mes sentimens. On pense à me faire épouser un homme pour lequel je n'aurai jamais de goût. Il faudra donc passer toute ma vie sans l'aimer, gémir de mon sort, m'ennuyer de mon devoir, porter envie à toutes les femmes qui me vanteront leur tendresse, et faire une cruelle violence à la mienne? Quel tourment continuel! Et vous, Patrice, qui m'aimez, dites-vous, et qui m'avez arraché cet aveu de mes peines, ne ferez-vous rien pour m'en délivrer?

Je l'écoutais avec un extrême étonnement. Mais, chère Rose, lui dis-je, qui parle de vous forcer à quelque chose, et de vous faire épouser Linch malgré vous? Convenez que voilà les premières marques que vous ayez données de votre répugnance. N'est-il pas étrange qu'elle soit née si tard, ou que vous l'ayez dissimulée si long-temps? Elle m'assura que sa seule timidité lui avait lié la langue, et qu'après avoir refusé M. des Pesses, sous prétexte qu'il manquait de naissance, elle n'avait osé rejeter un homme de la considération de milord Linch. Quoiqu'il en soit, lui répondis-je, moi qui préfère le contentement du cœur à la fortune, je ne balance point à vous promettre que vous ne serez mariée que lorsqu'il vous plaira d'y consentir, et je m'engage à faire entrer Georges dans les mêmes sentimens. Comme j'achevais de parler, j'entendis du bruit dans un cabinet qui touchait à la salle où nous étions, et la porte s'étant ouverte avec violence, nous fûmes fort surpris d'en voir sortir milord Linch. Il était revenu à Paris pendant la visite que nous avions rendue à mademoiselle de L....; et me voyant arriver seul avec ma sœur, il avait voulu se faire un plaisir de nous écouter et de nous surprendre. Sa curiosité lui coûta chère. Il avait entendu notre entretien jusqu'au moindre mot. Un juste désespoir ne lui permettant plus de se contraindre, il vint se jeter d'un air furieux dans un fauteuil qui était vis-à-vis de Rose. Nous demeurâmes tous trois fort long-temps dans un profond silence. Enfin, je pris la parole avec beaucoup d'embarras. Milord, lui dis-je, vous jugez bien qu'on ne vous croyait pas si proche, et qu'on est fort confus de cette scène. Mais puisque le hasard vous a fait entendre ce qu'on aurait eu quelque peine à vous déclarer, je ne doute pas que vous n'ayiez pour ma sœur toute la complaisance qu'un honnête homme doit à son sexe, et que vous ne lui rendiez la liberté qu'elle demande. Il parut quelques momens incertain; mais s'adressant tout d'un coup à elle : Non, Mademoiselle, lui dit-il, je n'aurai pas la sotte complaisance que vous demandez. Vous êtes à moi, par votre consentement, par la parole de vos frères, et par l'autorité même du Roi. Je ferai valoir des droits si justes, et je ne me laisserai pas jouer impunément. Rose, perdant toute contenance, se leva pour se retirer. Il se présenta brusquement devant elle, en protestant qu'elle ne quitterait pas la salle jusqu'au retour de mon frère, de qui il voulait recevoir dit-il, l'explication d'un si ridicule procédé. Cette brutalité m'échauffa. Je lui dis d'un ton ferme qu'il suffisait de moi pour lui donner toutes les explications qu'il désirait, et que je commençais par prétendre que ma sœur fût libre chez elle. Un reste de considération lui fit calmer apparemment son transport. Il prit un ton plus doux pour me demander si je savais où était Georges. Je lui dis qu'il était à souper chez M. le duc de.... ; et nous quittant sans répliquer, il se mit en chemin pour l'aller joindre.

Rose ne prévit que trop juste les malheureuses suites de ce démêlé. Elle me pressa avec larmes d'oublier la confidence qu'elle m'avait faite, et de lui laisser reprendre ses chaînes, dont elle s'efforcerait de cacher la pesanteur jusqu'au tombeau. Je confesse, me dit-elle, qu'il y a eu de l'immodestie dans mes plaintes. Nous sommes faites pour être les victimes des hommes. Eh! qu'importe en effet, au bon ordre de l'univers, que le cœur d'une femme soit tranquille! Que dites-vous? lui répondis-je. Il me semble, au contraire, que la faiblesse de votre sexe, qui vous met continuellement dans la dépendance du nôtre, nous oblige à nous faire une étude de votre bonheur, et qu'indépendamment du penchant naturel, la justice et la raison doivent nous porter au soulagement du plus faible. J'emploie cette seule raison pour vous faire voir que je ne parle point en homme aveuglé par la qualité de frère et par celle d'amant; car si l'on vient à compter vos charmes et la douceur que votre commerce répand dans la société, il n'y a qu'un barbare qui puisse se plaire à chagriner une femme, ou chercher même la satisfaction de son cœur aux dépens du vôtre. Mais, dans quelques principes que soit là-dessus milord Lynch, comptez encore, ajoutai-je, que vos inclinations seront libres, et que je veux vous voir quelque jour aussi heureuse que moi. En effet, l'aimant avec la dernière tendresse, et ne connaissant rien de si doux que le plaisir de se livrer à une passion innocente, j'aurais souhaité à toute sorte de prix de lui procurer un bonheur auquel elle paraissait si sensible.

Nous étions encore à raisonner sur notre aventure, lorsque nous entendîmes revenir Georges, qui demandait avec empressement si nous nous étions retirés. Il vint à nous aussitôt, et nous regardant d'un œil inquiet, il nous pria de lui apprendre sans déguisement ce qui s'était passé dans son absence. Je le satisfis. Le rapport de milord Lynch avait été fidèle, puisqu'il s'accordait exactement avec le mien. Georges ne balança point à prendre le parti qui convenait à l'honneur et à l'amitié. Il ne faut plus penser à milord Lynch, nous dit-il, puisqu'il déplaît à Rose, ni se plaindre même qu'elle nous ait caché jusqu'à aujourd'hui son dégoût, puisque le passé ne se répare point. Mais l'embarras est de nous dégager honnêtement, du moins aux yeux du public. Il nous apprit là-dessus que Lynch s'étant expliqué avec lui dans des termes fort vifs, il avait cru devoir l'écouter avec patience, et lui demander le temps de s'éclaircir; qu'il lui avait promis de lui écrire le lendemain, et de lui marquer naturellement sur quoi il pouvait compter; que le connaissant vif et fougueux, il ne doutait pas qu'il ne prît toutes sortes de voies pour se venger, et que, le tort étant de notre côté, nous serions obligés, par ménagement pour le public, de nous conduire avec modération. Rose nous pressa encore de ne pas nous exposer pour elle aux conséquences qu'elle craignait; mais mon frère n'était pas plus capable que moi de contraindre ses inclinations.

Il écrivit à Linch le jour suivant, et nous nous attachâmes ensemble à donner un tour civil à nos excuses. Nous fûmes quelques jours sans recevoir de réponse. Ce fut dans cet intervalle que M. des Pesses nous apprit votre départ, avec mille circonstances qui nous firent sentir toute la dureté de notre conduite. Dans l'inquiétude où Rose était déjà, cette nouvelle la fit tomber sans connaissance. J'en fus aussi vivement touché qu'elle, et Georges même en parut si frappé, qu'il aurait pris la poste pour vous suivre et pour vous faire changer de résolution, si nous n'eussions appris en même temps qu'étant parti depuis plus de quatre jours, il y avait peu d'espérance de vous rejoindre. Avec quelle amertume ne rappelai-je point notre ingratitude et votre tendresse dans tous les entretiens que j'eus avec ma sœur? J'avais comme elle un pressentiment des malheurs qui nous menaçaient. Les consolations mêmes de mademoiselle de L..., à qui je fis la confidence de mon chagrin, ne firent point rentrer la tranquillité dans mon cœur. Ce n'est pas qu'elle eût perdu l'empire absolu qu'elle avait sur mes peines et mes plaisirs; hélas! ma passion n'avait jamais été si parfaite; mais elle avait part elle-même à mes craintes. J'étais agité sans savoir pourquoi; et, dans le trouble involontaire de mes sentimens, je croyais devoir trembler pour tout ce qui m'était cher.

Ne recevant néanmoins aucune réponse de Linch, nous commencions à croire qu'il avait pris le parti de se venger par l'oubli, et nous nous disposions à conduire Rose à Saint-Germain, lorsqu'un gentilhomme irlandais, qui se fit connaître de nous par son nom, nous remit deux lettres, l'une adressée à mon frère, et l'autre à moi. J'ouvris la mienne avec un mouvement de frayeur qui ne fit qu'augmenter à la lecture de chaque ligne. Linch, de qui elle était, me remerciait avec une amère ironie des bons offices que je lui avais rendus auprès de sa maîtresse, et m'apprenait que, s'étant cru obligé de me rendre service pour service, il avait pris de bonnes mesures pour m'empêcher d'être plus heureux avec la mienne. Il m'expliquait les moyens dont il s'était servi, parce qu'il avait le cœur, disait-il, incapable de trahison. Il avait marqué à M. de L..., le soir précédent, toutes les circonstances de mon intrigue avec sa fille; l'état de ma fortune, c'est-à-dire ma pauvreté, qui me faisait souhaiter avec raison un mariage capable de la réparer; les justes droits que je m'étais acquis sur son amitié, en lui suscitant de faux assassins, qui ne lui avaient pas fait courir plus de péril qu'à moi, et qui avaient servi fort heureusement à lui procurer l'honneur de ma connaissance; enfin mille choses qui, sous un tour si odieux, devaient me ruiner infailliblement dans l'esprit de M. de L..... Il ne doutait pas, ajoutait-il, que mon esprit et mon adresse ne me fissent tirer beaucoup d'avantage de tous ces articles; mais il me déclarait en attendant qu'il fallait se battre. La lettre adressée à mon frère était plus courte. C'était un simple appel, où le lieu et l'heure du combat étaient marqués. Aussi Georges n'eut-il besoin que d'un coup-d'œil pour la lire, et, se hâtant de répondre avant que j'eusse fini de lire la mienne, il assura le messager que nous serions exacts au rendez-vous.

Il était huit heures du matin, et l'on devait se rencontrer à dix. Mon frère me dit froidement qu'il était fâché de cet accident, qui allait déranger toutes nos affaires. Voyez, lui dis-je, à qui de nous deux le désespoir convient. Je lui fis la lecture de ma lettre. Il confessa d'un air calme que j'avais tout à craindre pour le succès de mon amour. En effet, ma situation était si accablante, qu'il m'était même impossible de voir mademoiselle de L.... pour apprendre du moins quel effet la malignité de mon ennemi avait produit sur son père; car l'heure pressait, et nous avions beaucoup de chemin à faire pour nous rendre au lieu du combat. Cependant je fus irrité de la froideur avec laquelle Georges regardait mon agitation. Vous ne me plaignez pas, lui dis-je : vous ne plaignez pas Rose, qui va demeurer sans ressource si le sort des armes se déclare contre nous. Il me répondit que dans une occasion de cette nature il ne fallait pas s'attendrir inutilement, et que l'honneur ne nous permettant pas d'arriver trop tard sur le pré, nous devions remettre tout autre soin après la décision de notre querelle. Une cruelle nécessité me força de suivre son conseil. Nous partîmes après nous être embrassés. Rose, qui était encore au lit, n'eut pas la moindre connaissance de notre départ.

Nos ennemis étaient déjà à nous attendre. Ils s'étaient fait accompagner de deux valets, qui gardaient leurs chevaux, et nous étions à pied, sans aucune suite. Mais l'intrépidité de Georges ne s'arrêtant point au nombre, il les aborda l'épée à la main, sans savoir encore combien nous en aurions à combattre. Cependant milord Linch donna ordre à ses gens de s'écarter, et nous voyant à pied : Si vous êtes les plus heureux, nous dit-il, je vous fais présent de mes chevaux pour vous sauver. Ce soin généreux dissipa notre défiance. Il me fit signe de la main que c'était avec moi qu'il voulait se mesurer. Nous combattîmes vivement, et je parai des coups si furieux qu'il me fut aisé de comprendre qu'on en voulait à ma vie. Enfin je fus blessé au bras. Mon frère, qui était aux prises avec l'autre, ayant vu couler mon sang, ne garda plus de mesures, et, s'abandonnant sur son adversaire, il lui porta dans l'estomac un coup qui le fit tomber mort. Je le vis qui accourait à mon secours ; mais, soit que la crainte affaiblit Linch, soit que l'envie de vaincre sans secours augmentât mes forces, je lui fis au même moment une blessure si profonde à la cuisse, que, ne pouvant plus se soutenir, il fut obligé de s'asseoir à terre, et de m'abandonner son épée. Je la lui rendis aussitôt. La honte lui fit tenir quelque temps les yeux baissés. Mais nous voyant appeler ses gens pour leur faire prendre soin de lui, il nous renouvela généreusement l'offre de ses chevaux, si nous les croyions nécessaires à notre sûreté.

Dans le besoin qu'il en avait lui-même, notre propre générosité ne nous permettait point d'accepter cette proposition. D'ailleurs, quelque danger qu'il y eût à craindre, nous étions rappelés à Paris par des raisons trop puissantes pour nous en éloigner si légèrement. Nous en reprenions le chemin, lorsque se sentant affaibli par la perte de son sang, et commençant à croire sa blessure mortelle, il nous fit rappeler par ses gens. L'impatience que nous avions de rentrer à Paris ne nous empêcha pas de retourner d'assez loin, et nous le trouvâmes en effet d'une pâleur et d'une faiblesse qui nous fit mal augurer de sa vie. Ses gens s'étant écartés de quelques pas par son ordre, il nous conjura d'une voix mourante, par la confiance qu'il avait dans notre honneur, d'être les dépositaires d'un secret dont l'importance était égale pour la religion et pour l'État, et qui, pouvant même servir à nous faire obtenir grâce pour sa mort et celle de Plunck (c'était le nom de son ami), serait l'expiation de sa haine et du mal qu'il avait voulu nous faire. Plunck et moi, continua-t-il, nous sommes, ou, puisque la mort nous met au rang des choses passées, nous étions en possession d'un trésor immense qui s'est conservé depuis long-temps dans nos maisons, et que mon père et lui ont augmenté considérablement par leurs propres soins. La principale partie consiste dans les vases et les reliques d'or et d'argent qui ont appartenu, avant la réformation, à plusieurs églises épiscopales d'Irlande, et à quantité de riches abbayes. Le tumulte des guerres, et la crainte de tous les maux qui sont arrivés depuis, obligèrent, dans ce temps-là, un grand nombre de prélats et de seigneurs catholiques de chercher un lieu de sûreté pour tant de richesses, et la situation des domaines de nos aïeux les rendant propres à ce dépôt, elles furent transportées pendant la nuit dans un souterrain qu'ils firent creuser au milieu d'une vaste forêt. Quoique le fait ait été connu de quantité de personnes, le secret du lieu est toujours demeuré dans nos seules maisons. Enfin, perdant toute espérance de rétablissement pour la religion, depuis que la branche protestante est sur le trône, mon père et Plunck avaient formé le dessein de faire passer un trésor désormais inutile à l'Irlande, entre les mains du roi Jacques, pour en faire l'usage qui conviendrait à sa piété et à sa sagesse. Leur zèle les avait portés en même temps à lever, parmi les catholiques du pays, de grosses sommes, qu'ils destinaient aussi au soutien de la Cour, et qui sont renfermées dans le même souterrain. Ils se disposaient à faire le voyage de Saint-Germain, pour recevoir les ordres du Roi sur les moyens de transporter en France cet amas de richesses, lorsque la mort a interrompu le projet de mon père. A sa dernière heure, il s'est déchargé sur moi de son secret et de son devoir, et c'était pour suivre ses vues que j'étais ici avec Plunck depuis quelques mois. Le Roi est informé du motif de notre voyage, et n'attend que des circonstances favorables pour profiter de nos offres ; mais il ignore dans quel lieu le trésor est caché. En voici les indices, ajouta Linch en tirant un mémoire de sa poche. Je vous le remets. Plunck en a le double. C'est une précaution que nous avions prise contre toute sorte d'accidens. Faites-en l'usage qui conviendra à votre sûreté, à votre fortune et à votre honneur. Les forces achevant de lui manquer après un si long récit, il nous fit signe de prendre dans la poche de Plunck le double du mémoire ; et, nous ayant protesté en peu de mots qu'il nous pardonnait sa mort, il nous laissa la liberté de nous retirer. Nous ne pûmes lui refuser quelques marques de regret et de reconnaissance; mais nos propres affaires demandant toute notre attention, nous le laissâmes entre les mains de ses gens, pour retourner promptement à Paris.

Quoiqu'étrangers en France, nous n'ignorions pas la rigueur inflexible de la justice contre les duels, et nous concevions bien que le parti le plus sûr était de penser d'abord à nous mettre à couvert. Cependant deux intérêts aussi pressans que ceux de l'amitié et de l'amour devaient marcher avant le nôtre. Rose, qui n'avait aucune connaissance de notre malheur, ne pouvait être abandonnée à elle-même sans secours et sans conseils; et j'aurais exposé mille fois ma vie pour ne pas ignorer plus long-temps comment j'étais dans le cœur de mademoiselle de L.... et dans l'esprit de son père. Comme il y avait peu d'apparence que le bruit de notre combat pût être tout d'un coup répandu, nous nous flattâmes de pouvoir trouver assez de temps pour satisfaire à ces deux soins. Mon frère entreprit de retourner chez lui, tandis que j'irais chez M. de L.... Il se proposait de régler avec Rose de quelle manière elle devait se conduire, et de prendre une partie de notre argent, qu'il avait apporté des Saisons à Paris. Il devait se rendre ensuite chez M. le duc de..., où je lui promis de le rejoindre, et où nous remîmes à former d'autres résolutions.

Nous ne nous séparâmes point sans nous être embrassés tendrement, en nous recommandant l'un à l'autre de ne pas perdre de vue le danger, et de mettre à profit tous les momens. Mon frère affectait encore un air ferme, et je m'efforçais de l'imiter ; mais j'étais démenti par le trouble de mon cœur, qui se communiquait jusqu'à mes regards et au son de ma voix. Outre l'horreur du combat sanglant d'où je sortais, je frémissais de ce que j'avais à craindre dans l'instant où j'allais entrer, et je pressentais toutes mes pertes avant que de les connaître. Georges qui s'en aperçut, m'exhorta à mieux espérer, et me fit promettre que de quelque manière que les choses pussent tourner, je ne manquerais pas de le rejoindre. Mais il ne prévoyait ni son infortune, ni la mienne.

Je me rendis à la porte de M. de L..., que je trouvai fermée. Les fenêtres l'étaient aussi, avec toutes les apparences d'une maison déserte. Je frappai timidement. On m'ouvrit, et je vis paraître un homme dont le visage m'était inconnu. Je le pris pour un nouveau domestique. Après m'avoir demandé mon nom, il m'introduisit dans le vestibule où donnait la porte du corridor qui conduisait au caveau. J'y trouvai quatre hommes que je ne connaissais pas mieux que le premier, et qui me saisirent les bras, quoique sans violence. Ils m'ôtèrent mon épée; et m'ayant mené au bout de la galerie, ils me laissèrent alors les bras libres, en me priant civilement de descendre avec eux. Je leur demandai ce que je devais penser de cette réception et de leur dessein. Ils m'exhortèrent à ne rien craindre.

Nous descendîmes dans le même caveau où je m'étais trouvé la première fois. Je n'y fus pas long-temps sans voir entrer M. de L.... suivi de sa fille et de madame Gerald. Je commençai à lui dire quelques paroles qu'il interrompit, en me recommandant de garder un moment de silence. Il y avait quelques flambeaux allumés, mais en petit nombre. M. de L.... me fit approcher d'une table, autour de laquelle tous les spectateurs se rangèrent. Il plaça sa fille vis-à-vis de moi, et tirant son épée hors du fourreau, il m'en appuya tout d'un coup la pointe sur l'estomac. La crainte et la tendresse firent jeter à sa fille un cri perçant. Il lui ordonna sévèrement de se taire. Et s'adressant à moi : Vous vous êtes fait un jeu de m'effrayer, me dit-il d'un ton brusque; il est juste que je jouisse du même plaisir à mon tour. Mais quoique je n'aie pas dessein de vous ôter la vie, si vous m'obéissez, comptez-vous au nombre des morts qui reposent dans cette cave, si vous faites difficulté de me satisfaire. Ensuite m'expliquant ses volontés : Vous m'avez trompé, continua-t-il, vous avez séduit l'esprit de ma fille, vous avez exigé d'elle des sermens de vous aimer et de vous être fidelle, qu'elle m'objecte pour justifier le refus qu'elle fait de m'obéir : je veux que vous la dégagiez sur-le-champ de toutes ses promesses, et que vous renonciez à toutes sortes de droits sur elle. Vous êtes mort si vous balancez.

Je tournai les yeux vers elle, pour lire le mouvement de son cœur dans les siens. Sa pâleur et ses larmes, que l'obscurité m'avait d'abord empêché d'apercevoir, me firent trop connaître qu'elle avait été préparée à cette scène par des persécutions auxquelles sa tendresse pour moi l'avait fait résister. Etait-ce assez de ma vie pour payer ces précieuses marques d'amour et de constance? J'avais peut-être senti quelque frayeur au premier mouvement de l'épée; mais n'écoutant plus qu'une passion capable de me faire braver la mort et tous les supplices, je répondis avec une fermeté à laquelle M. de L.... ne s'attendait pas, qu'il était le maître de ma vie, puisque je me trouvais sans défense; qu'avec la possession du cœur auquel il voulait me faire renoncer, la mort n'avait rien qui me parût terrible, et que je la chercherais volontairement si j'avais le malheur de perdre le seul bien pour lequel je voulais vivre; qu'ainsi dans l'un ou l'autre sort sa vengeance serait trompée, si elle lui faisait espérer quelque chose de ses menaces; mais que s'il voulait écouter la raison, il me traiterait peut-être avec plus d'humanité; que ma naissance, et l'honnêteté de mes vues et de mes sentimens, ne méritaient pas son mépris ni sa haine... Il m'interrompit, en jurant de nouveau qu'il allait m'enfoncer son épée dans le sein: et je ne sais à quoi la violence de son humeur l'aurait porté, si sa fille, à qui la frayeur avait déjà fait perdre la voix et les forces, ne fût tombée tout d'un coup sans connaissance. Il l'aimait. Cette vue fit prendre un autre cours à ses esprits. Il s'empressa d'aller à elle et de la secourir. Peut-être aurais-je pu m'échapper dans le désordre qui dura quelques momens. Mais je rejetai une pensée si basse, surtout pendant le péril où tout le monde croyait la vie de mademoiselle de L.... Je me serais efforcé bien plutôt de lui donner tous mes soins, sans songer à la mienne, si son père n'eût eu la barbarie de me repousser, lorsqu'il me vit approcher d'elle.

Madame Gerald prit cet intervalle pour me dire en irlandais, qu'elle était surprise de me voir sacrifier ma vie, et mettre celle de mademoiselle de L.... en danger, pour une chimère luthérienne qui n'intéressait ni mon honneur ni mon amour; qu'étant sûr d'être aimé, je ne risquais rien à renoncer à des droits que rien ne pouvait me faire perdre, et dont ma maîtresse était aussi jalouse que moi; enfin, qu'elle remettait à m'expliquer pourquoi l'on s'était retranché dans cette excuse, et ce qu'on avait souffert toute la nuit pour se conserver à moi ; mais qu'elle m'avertissait sérieusement que le seul moyen de calmer l'orage, était de céder aux emportemens de M. de L.... En effet, il ne vit pas plutôt sa fille hors de danger, qu'il reprit son épée avec la même furie. C'est vous, s'écria-t-il, qui me causez des peines que je n'avais jamais senties ; mais si vous vous obstinez, je vous perce le cœur en ce moment. Il allongeait le bras, en me regardant d'un air qui confirmait sa menace. Sa fille, prête à retomber dans l'évanouissement dont elle sortait, me dit d'une voix faible et tremblante : Eh Monsieur, ne pensez-vous pas à votre vie ? J'avoue que mon agitation était extrême. Je voulais suivre l'avis de madame Gerald, ne fut-ce que pour délivrer mademoiselle de L.... de la mortelle situation où je la voyais ; mais mon cœur et ma langue se refusaient également à une déclaration qui me paraissait honteuse, parce qu'elle était forcée. J'étais sûr à la vérité de la constance de ma maîtresse ; mais c'était ma propre délicatesse que j'avais à vaincre : sans compter que ce qui m'était arraché, avec une si affreuse violence, ne pouvait me paraître aussi peu important que madame Gerald voulait me le persuader. Cependant je ne résistai point aux quatre mots que j'avais entendus. Je les regardais même comme un ordre, auquel toutes mes difficultés devaient céder. Vous l'emportez, dis-je à son père ; je consens à tout ce que vous exigez. Il ne se contenta pas d'une déclaration si vague. Il me fit répéter après lui les mêmes termes qu'il avait déjà employés, et il m'obligea de les confirmer par un serment. Ensuite, se tournant vers sa fille : Vous êtes libre, lui dit-il, j'en prends toute l'assemblée à témoin. Au reste, reprit-il en s'adressant à moi, si vous pensiez à me trahir pour vous venger, je vous déclare qu'ayant toujours respecté les ordonnances du Roi, et n'ayant jamais fait ici d'autre acte de religion que l'enterrement de quelques morts, je crains peu votre ressentiment. Je me contentai de lui répondre qu'il connaissait mal mes principes. Les mêmes personnes qui m'avaient introduit me prièrent aussitôt de me retirer. A peine eus-je le temps d'exprimer à mademoiselle de L..., par quelques regards, que la fidélité qu'on m'avait fait violer extérieurement s'était refugiée au fond de mon cœur pour n'en sortir jamais. Je fus reconduit à la porte, où l'on me rendit mon épée avec la liberté de sortir.

Quoique rien ne pût égaler ma consternation après une aventure si triste, j'emportais du moins la douceur de croire ma maîtresse fidelle, et l'espérance de la revoir bientôt, malgré tous les obstacles; car c'est une promesse que madame Gerald avait trouvé le moyen de me faire secrètement. Dailleurs, plus je vins à réfléchir sur la renonciation bizarre qu'on m'avait arrachée, moins j'y trouvai le sujet de me chagriner. Dans quelque sens que M. de L.... voulût l'expliquer, et quelque idée même que je puisse me former de ses vues, il était certain que mon serment ne m'engageait à rien pour l'avenir, et qu'en rendant à sa fille les droits que j'avais sur son cœur, je ne m'étais pas privé de ceux qu'elle recommencerait à m'accorder par la constance de son affection. Au premier instant que je la reverrai, disais-je, j'obtiendrai d'elle mille nouveaux témoignages de tendresse et de fidélité. Nous resserrerons nos chaînes; nous en formerons de nouvelles, si l'on se flatte d'avoir rompu les premières; et nous aurons pour dernière ressource, comme nous nous le sommes toujours proposé, d'attendre la mort de son père, ou l'âge qui rend une fille maîtresse d'elle-même.

Ce fut le Ciel qui tourna ainsi mes réflexions du côté le plus favorable. Sa bonté suspendit les noirs pressentimens qui m'avaient agité pendant plusieurs jours, pour me laisser la liberté d'esprit qui m'allait être nécessaire dans le plus grand de tous nos malheurs. J'avais promis à mon frère de le rejoindre chez M. le duc de........, dont nous espérions que l'hôtel nous servirait quelque temps d'asile. Il y avait environ deux heures que je l'avais quitté, et je ne doutais pas qu'il ne s'y fût déjà rendu. Cependant, comme les dernières idées dont j'étais rempli me faisaient presque oublier le péril, je ne pus passer proche de la rue où était sa maison sans être pressé de l'envie d'y entrer. Je serais même allé directement chez lui, dans l'espérance de l'y trouver encore, si je n'eusse rencontré M. des Pesses, qui me fit sortir de ma rêverie en me tirant par le bras. Ciel! où allez-vous, me dit-il; que je suis heureux de vous avoir aperçu! Et, sans me laisser le temps de lui répondre, il me pressa d'entrer dans un carrosse de louage qui avait déjà ses ordres. Nous marchâmes aussitôt. Que je suis heureux! répéta-t-il en m'embrassant. J'avais jugé que vous pourriez reparaître dans cette rue, et j'y suis depuis une demi-heure à vous attendre.

La confiance que j'avais dans son amitié

m'aurait porté à lui découvrir notre embarras, s'il n'en eût pas été informé; mais son discours me faisant connaître qu'il l'était déjà, je me hâtai de lui demander s'il avait vu mon frère. Hélas! non, me répondit-il. Mais avant que de me demander des explications, souffrez que je vous mette dans un lieu où vous puissiez les entendre sans danger. Cette réponse et le refus qu'il fit de me conduire chez M. le duc de...... me firent juger de notre malheur. Mon frère est arrêté, lui dis-je. Il ne put le désavouer. La tendresse fraternelle me fit jeter un cri douloureux qu'il me fut impossible de retenir. Je voulais sortir du carrosse; courir à son secours, sans savoir néanmoins à qui je devais m'en prendre, ni de quel côté je devais tourner. Des Pesses eut une peine extrême à m'arrêter. Enfin, m'ayant fait comprendre que les secours violens étaient désormais inutiles, il m'apprit que Georges, dénoncé apparemment par les gens de milord Linch, avait été surpris dans sa maison, où il avait eu l'imprudence de demeurer plus d'une heure, et qu'il avait été conduit à la Bastille. Il avait obtenu en partant, la liberté de faire avertir M. le duc de.... de son infortune. Ce seigneur qui savait où était sa maison s'y était rendu aussitôt, pour offrir ses premiers soins à Rose; mais sa visite et ses propositions avaient déplu sans doute à ma sœur, puisque, malgré les raisons qui pouvaient lui ôter l'envie de s'adresser à M. des Pesses, elle avait pris le parti de lui écrire, et de lui marquer sa situation. C'était proprement la seule connaissance qu'elle eût à Paris. Des Pesses, en me faisant ce récit, ne pouvait me cacher sa joie. Mon bonheur a donc voulu, me dit-il, qu'elle ait pensé à moi. J'ai volé chez elle. J'y ai trouvé M. le duc; mais peu content, puisque, sur quelques froids remercîmens qu'elle lui a faits à mon arrivée, il s'est déterminé à se retirer. On avait déjà mis le scellé sur tout ce qui vous appartient, et quatre gardes étaient demeurés dans la maison. J'ai proposé d'abord à votre aimable sœur, continua des Pesses, de se laisser conduire chez une dame de mes amies, où elle recevra toutes sortes de soins et de respects; mais elle a voulu que j'aie commencé par vous chercher; et dans la crainte que vous ne retournassiez à la maison, où les gardes sont peut-être uniquement pour vous attendre, j'ai cru devoir veiller avec un carrosse à l'entrée de la rue.

Je le remerciai de son zèle; et concevant que tous les momens que je passerais à m'affliger étaient perdus pour nos intérêts, j'écartai tout ce qui pouvait partager l'attention que je devais à des embarras si pressans. En arrivant au lieu que des Pesses m'avait choisi pour asile, je le renvoyai chez ma sœur. Il la consola beaucoup en lui apprenant que j'étais en sûreté; mais il ne put lui faire accepter une autre retraite qu'un couvent. Loin de condamner cette résolution, je la regardai comme le seul parti qui convenait à son honneur, surtout lorsqu'ayant appris que M. le duc lui avait offert une maison, un équipage et des richesses, je compris à quels périls sa sagesse serait exposée dans tout autre lieu que le cloître. Des Pesses la conduisit dans un monastère anglais, où il eut la générosité de payer d'avance une partie de sa pension. S'étant rendu de-là à la Bastille, il ne put obtenir la permission de voir mon frère ; cependant on ne lui en ôta point l'espérance, aussitôt qu'on aurait reçu les ordres de la Cour. Il revint chez moi le soir avec ses nouvelles. Je le conjurai de mettre le comble à ses bienfaits, en se rendant à Saint-Germain sans perdre un moment. J'avais conçu qu'il était d'une importance extrême que tous nos amis fussent prévenus en notre faveur par un récit sincère de notre aventure. J'écrivis même à M. de Sercine, pour l'engager à nous rendre ses bons offices auprès du Roi, et je recommandai à des Pesses de s'assurer jusqu'à quel point nous pouvions compter sur la protection de ce prince.

Je demeurai en proie à mes craintes jusqu'à son retour. Il ne revint que le lendemain au soir. Sa tranquillité me parut de bonne augure. En effet je reçus de son récit toute la consolation dont j'étais capable parmi tant d'inquiétudes. Il avait vu non-seulement M. de Sercine et tous nos amis, mais le Roi même, à qui les circonstances de notre malheur avaient inspiré plus de compassion que de colère. Et ce qui me fit reprendre encore plus d'espérance, il m'assura que milord Linch, quoi qu'extrêmement affaibli par la perte de son sang, n'était dans aucun danger. Malgré la mort de Plunck, je ne doutais point qu'ayant été forcés de nous battre, et nous étant défendus avec honneur, le roi Jacques ne nous eût fait grâce aisément, si nous eussions été en Angleterre; mais nous étions en France; le bien que nous y avions acquis nous soumettait aux lois du pays, et c'était à la Cour de Versailles que nous avions besoin de protection. Cependant je m'étais imaginé que si celle de Saint-Germain nous était favorable, nous trouverions plus de faveur à celle de France avec une recommandation si puissante. C'était dans cette vue que j'avais jugé à propos de commencer mes sollicitations de ce côté-là. Ensuite, pour ne rien négliger, je priai M. des Pesses de voir M. le duc de..., que je ne croyais point assez refroidi par les refus de ma sœur, pour refuser de s'employer pour nous. Il y alla sur-le-champ, et les assurances de zèle et d'amitié qu'il en reçut, servirent encore à me rendre l'esprit plus tranquille. Nous convînmes d'écrire à mon frère, pour le délivrer d'une certaine inquiétude, en lui apprenant que nos affaires avaient déjà pris un heureux cours. M. des Pesses se chargea de ce soin, parce que la vue de mon caractère pouvait m'exposer à quelque nouveau péril.

Cet intervalle d'espérance était encore une faveur du Ciel, qui ne voulait pas que ses épreuves surpassassent mes forces, et qui me ménageait ainsi quelques instans de repos après les plus violentes agitations. Si j'avais attendu de moment en moment le retour de M. des Pesses, j'avais mille autres raisons d'impatience avec le désir de savoir le succès de son voyage. L'état où j'avais laissé mademoiselle de L...., l'envie de la revoir, celle d'apprendre tout ce que madame Gerald m'avait promis de m'expliquer, étaient autant de sujets d'inquiétude, qui m'avaient fait balancer plus d'une fois si je ne sortirais pas de mon asile au mépris du danger, pour satisfaire ma curiosité et mon amour. Enfin, comme je m'étais proposé de charger des Pesses de cette commission, je n'eus pas plutôt fini sur ce qui concernait mon frère, que je lui confiai une partie des embarras de mon cœur. Il n'était question d'abord que de voir madame Gerald, de lui apprendre dans quelles circonstances je me trouvais, et de savoir d'elle si je pouvais l'entretenir la nuit suivante chez M. de L.... ou dans quelque autre lieu. Rien n'étant difficile au zèle de des Pesses, il me promit que je serais satisfait de sa diligence, et je le vis revenir effectivement beaucoup plutôt que je ne l'attendais. Mais au lieu d'avoir vu madame Gerald, il ne m'apportait qu'une lettre d'elle, qui m'apprenait en quatre lignes qu'elle était partie le même jour avec mademoiselle de L.... sous la conduite de deux hommes, et que n'ayant point le temps de s'expliquer davantage, elle remettait à m'écrire du premier endroit où elle aurait la liberté de s'arrêter. Elle ajoutait en finissant, qu'elle était trompée, si on ne les menait en Allemagne; mais que dans quelque lieu qu'on les forçât de vivre, elle me promettait de m'écrire, et mademoiselle de L....., de m'aimer avec une constance qu'elle me proposait pour modèle à la mienne.

Hélas! mon cher frère, la piété vous rend trop tranquille, et votre esprit est trop supérieur aux faiblesses de l'amour, pour concevoir tout ce qu'il y avait de cruel et d'accablant pour moi dans cette nouvelle. Vous n'y voyez qu'un départ, un voyage, des marques même de souvenir et de fidélité, et vous me demanderez pourquoi je me livrai au dernier désespoir. Mais vous ne savez pas que le souverain bien d'un amant, est la présence de ce qu'il aime. Vous ignorez qu'il n'y a point de repos pour un cœur loin de l'objet dans lequel il vit et il respire ; que sans la douceur du moins de le voir, sans un soulagement si nécessaire, la vie est une langueur, l'ennui un poison, l'impatience un martyre. Ah ! vous ne connaissez ni les délices ni les tourmens de l'amour. Et puis, ne comprenais-je pas bien que madame Gerald me flattait d'une vaine espérance ? Ne prévoyais-je pas que la même rigueur qui les avait forcées de partir contre leur attente, saurait bien les empêcher de m'écrire, ou moi de recevoir leurs lettres ; que je ne parviendrais pas même à découvrir le lieu de leur demeure ; que j'étais par conséquent abandonné, trahi, perdu sans ressource et sans consolation.

Je sentis en un instant toute l'étendue de mon malheur. En vain demandai-je à des Pesses des éclaircissemens que je ne pouvais recevoir de lui ni du valet même qui lui avait remis la lettre. Toute la maison de M. de L..... était dans mes intérêts ; mais cette raison, qui lui avait fait prendre soin d'écarter ses gens la veille, pour le dessein qu'il avait exécuté dans sa cave, l'avait encore porté à cacher le voyage de sa fille, jusqu'au moment de son départ. Madame Gerald avait à peine eu le temps de m'écrire deux mots. Elle avait confié sa lettre à un garçon dont elle connaissait l'adresse et la fidélité, et qui avait eu l'attention d'être continuellement à la porte pour me recevoir, ou ceux qui se présenteraient de ma part. Je le vis la nuit suivante, mais je n'en tirai point d'autres lumières. Près de quatre mois qui se sont écoulés depuis, sans que tous mes soins et les empressemens de des Pesses ayent pu me faire sortir d'une si funeste obscurité, vous feraient trouver mon sort digne de votre plus tendre compassion, si vous pouviez prendre quelque idée de mes peines.

Je ne m'étendrai pas inutilement sur toutes les circonstances de notre démêlé avec la justice. Le premier effet du crédit de nos protecteurs fut de faire suspendre les procédures qui avaient été commencées vivement dès le premier jour. Milord Linch s'étant rétabli heureusement, Georges, que M. des Pesses eut enfin la liberté de voir dans sa prison, nous crut obligés par l'honneur de lui renvoyer les deux mémoires qu'il nous avait confiés. Il fut si touché de cette générosité volontaire, qu'il devint un de nos plus ardens défenseurs. Cependant l'amour eut la meilleure part à son zèle. A peine était-il revenu de la première chaleur de son ressentiment, que se trouvant plus passionné que jamais, il avait fait faire à ma sœur des excuses fort soumises de l'excès auquel il s'était emporté, avec une offre sans bornes de son bien et de ses services. Il n'avait osé néanmoins se présenter à elle aussitôt que sa santé s'était rétablie ; mais prenant occasion du retour des deux mémoires pour se louer hautement de notre procédé, et pour se reconnaître obligé de nous servir à toutes sortes de prix, il se figura qu'après cette profession d'estime et d'amitié, elle pourrait consentir à recevoir sa visite. Son espérance fut trompée plusieurs fois; jusqu'à ce qu'ayant pris le parti de lui écrire, et de lui rendre compte de ce qu'il faisait effectivement en notre faveur, il obtint enfin la liberté de l'entretenir. Rose tremblait pour nous, et s'attendait à tous momens de voir la tête de Georges sur un échafaud. Ce sentiment, qui étouffait tous les autres, lui fit faire assez de violence à son cœur pour promettre à Linch que s'il réussissait à nous sauver la vie, et à nous faire obtenir la liberté, sa main serait la récompense d'un si grand service. Un motif si capable d'animer un amant ne lui permit plus de rien ménager. Il prodigua ses richesses pour gagner nos juges, et il s'employa jour et nuit à nous faire des protecteurs avec tout le zèle de l'amour.

Cependant notre mauvaise fortune a rendu tant de soins inutiles. Les sollicitations des deux Cours, et le voyage que le Roi même a fait à Versailles, n'ont pu ébranler la fidélité que le Roi de France croit devoir à ses sermens. Il s'est retranché sur cette loi inviolable qu'il s'est imposée à lui-même, et que nulle considération ne lui a jamais fait violer. L'unique grâce qu'il ait accordée à tant d'instances, est de souffrir que notre procès demeure suspendu, et que mon frère achève sa vie à la Bastille. J'aurais sans doute le même sort si j'étais arrêté; mais me croyant d'autant plus à couvert par cette espèce d'indulgence, que Plunck n'a point laissé de parens qui sollicitent la vengeance de sa mort, je n'ai pas fait difficulté de reparaître à Paris sous un nom différent du mien, et de visiter même mon malheureux frère dans sa prison.

Je voyais beaucoup plus souvent ma sœur. Le plaisir de la revoir, après tant d'inquiétudes et d'alarmes, me faisait oublier une partie de mes peines. Hélas! cette chère Rose! Je ne la quittais guère sans être arrosé de ses larmes. Elle se reprochait d'être la cause de tous nos malheurs, et c'était pour s'en punir, disait-elle, qu'elle avait promis sa main au milord Linch. Je flattais son cœur, en lui représentant que sa promesse ne l'obligeait à rien, puisque nous ne tenions point le prix dont elle l'avait fait dépendre; et si la reconnaissance pouvait l'engager à quelque chose, je lui parlais de des Pesses, qui méritait bien de balancer son rival par l'ardeur et le désintéressement de ses services. Elle sentait tout, car le cœur de Rose est un composé de générosité et de tendresse; mais je voyais que l'amour ne parlait point en faveur de des Pesses ni de Linch. Je trouvais de la douceur aussi à faire tomber souvent l'entretien sur mes propres tourmens. Je lui demandais si elle était encore jalouse d'une malheureuse et inutile tendresse qui remplissait mon cœur d'amertume, et qui ne devait pas rendre mademoiselle de L.... plus heureuse, si le sien m'était aussi fidèle. En dépit du sort qui me séparait de mon amante, elle prétendait que nous étions dignes d'envie, et que des peines causées par la fidélité et la tendresse, méritaient le nom du plus charmant bonheur.

Quand je lui parlais de la reconnaissance dont nous étions redevables à M. des Pesses, je n'entendais pas seulement celle qu'il méritait par ses soins et par mille démarches pénibles auxquelles l'amitié et l'amour l'avaient engagé : dans le besoin absolu où nous nous étions trouvés depuis le commencement de notre malheur, il avait fourni libéralement à notre dépense, et il continuait de nous aider avec la même générosité. Aussi long-temps que nous avions eu l'espérance de rentrer en possession de notre terre des Saisons et de notre argent, nous avions accepté ses bienfaits sans honte. Mais nos amis ayant oublié de demander à la Cour la restitution de nos biens, qu'ils auraient obtenue plus facilement que notre liberté, il fallait de nouvelles sollicitations pour nous faire accorder cette faveur, et le succès en était incertain ; de sorte que nous trouvant chargés de ce que nous lui devions déjà, et forcés de nous engager tous les jours dans de nouvelles dettes, cette nécessité était devenue un de nos maux les plus insupportables. Je vous avais écrit au fort du danger de Georges, dans le seul dessein de vous le communiquer, et je n'avais point reçu de réponse. Votre silence ne me rebuta point. J'aimai mieux l'attribuer à toute autre cause qu'à votre indifférence. Je vous écrivis de nouveau, et je m'efforçais surtout de vous attendrir pour l'intérêt de ma sœur, que l'honneur seul devait vous porter à secourir, lorsqu'elle n'avait plus pour ressource que vous et sa vertu. Vous ne m'avez pas répondu. Toutes mes lettres ont péri sans doute : que seraient-elles devenues, puisque vous m'assurez qu'il n'en est parvenu aucune jusqu'à vous? Enfin, dans l'extrémité du besoin et de la douleur, accablé du malheur de mon frère dont je ne prévois pas la fin, des larmes de Rose, qui augmentent tous les jours; pressé du désespoir d'autrui et du mien, j'ai pris le parti de faire le voyage d'Irlande, sûr de réveiller plus heureusement votre bonté et votre affection par ma présence. Il a fallu recourir encore à la libéralité de des Pesses pour les frais d'une si longue route.

Il y a huit jours, que passant rapidement à Londres, je vous écrivis encore pour vous annoncer mon arrivée. J'ai fait le reste du chemin avec l'ardeur d'une vive impatience. Le vaisseau qui m'a apporté de Holyhead faisant voile à Cork, c'est de ce port que j'ai pris ma route par terre avec beaucoup d'incommodités et de fatigue. Hier au soir la pluie et l'obscurité me forcèrent de m'arrêter à l'entrée de la nuit, et m'étant souvenu de Fincer, notre ancien ami, dont la maison n'était qu'à cent pas du chemin, je me déterminai à m'y mettre à couvert du mauvais temps. Je n'y trouvai que sa fille. Elle me reçut avec une timidité et des marques d'embarras qui m'auraient fait naître quelques soupçons, si la froideur de cet accueil n'eût été réparée aussitôt par ses civilités. Mais ayant reconnu facilement que j'ignorais le malheur de son père, ou que je ne l'accusais pas d'avoir eu part au vôtre, elle n'épargna rien pour me persuader qu'elle me voyait avec plaisir. Ma tristesse apparemment, et l'air attendri que me doit donner le sentiment continuel de mes peines, augmentèrent tellement cette disposition, qu'elle me fit apercevoir, par mille témoignages, que nous ne devons pas la compter parmi nos ennemis. Elle m'apprit la fâcheuse aventure de son père, l'adresse avec laquelle il s'est défendu, et le bonheur qu'il a eu dans sa fuite. Elle ne me déguisa pas le chagrin qu'il vous a causé, ni le péril auquel ses accusations m'exposent en Irlande. C'est par son conseil que j'ai attendu aujourd'hui la fin du jour pour entrer à Killerine.

Patrice me demanda en finissant ce récit, si je ne le croyais pas plus malheureux que coupable, et si l'amitié était si éteinte dans mon cœur, qu'elle n'y pût être rappelée par la compassion. Je l'embrassai, en le serrant de toute ma force. Mes larmes, que j'avais eu peine à retenir pendant son discours, s'ouvrirent un passage malgré moi; et ne pouvant résister à tous les mouvemens qui s'élevaient dans mon ame : Patrice, lui dis-je, ô! cher objet de mon inquiétude et de ma tendresse! qu'avez-vous fait de votre sagesse et de mes conseils? Qu'avez-vous fait du secours du Ciel qui n'a jamais pu vous manquer? Hélas! qu'avez-vous fait de vous-même? Georges, Rose, malheureuse famille! voilà donc le terme où votre folle prudence et votre avide ambition devaient vous conduire. O Dieu! profiteront-ils de cet exemple, pour sentir le besoin qu'ils ont de vous! J'ajoutai mille choses avec la même amertume de sentimens. Cependant, ne voulant pas augmenter son chagrin par des reproches, et remettant à délibérer sur tant d'événemens dans une situation d'esprit plus tranquille, je me fis violence, pour songer à lui faire prendre les rafraîchissemens et le repos qui devaient lui être nécessaires. Nous nous mîmes à table. Mais tous mes efforts ne purent m'empêcher de retomber continuellement sur ce que je venais d'entendre. Je recommençais sans cesse à faire des questions, à demander des éclaircissemens sur toutes les circonstances, lorsque nous entendîmes frapper brusquement à ma porte. Elle fut ouverte aussitôt, parce que mes domestiques étaient sans défiance. Au même moment huit hommes armés, avec un officier à leur tête, s'introduisirent dans le lieu où nous étions; et reconnaissant sans peine que Patrice était celui qu'ils cherchaient, ils lui déclarèrent qu'ils l'arrêtaient par l'ordre du vice-roi, pour le conduire au château de Dublin. L'officier était un homme civil. Voyant mon saisissement et ma douleur, il me dit, avec beaucoup d'excuses, qu'il ne pouvait m'expliquer des ordres dont il ignorait la cause; mais qu'après l'affaire de Fincer, j'en devais juger mieux que personne; que si mon frère avait quelque chose à se reprocher, il avait eu beaucoup d'imprudence à confier au papier le dessein de son voyage; qu'on avait sans doute intercepté toutes les lettres qui étaient à mon adresse, et qu'il savait du moins que c'était d'une lettre de Patrice même qu'on avait appris si juste le temps de son arrivée.

FIN DU TOME PREMIER.

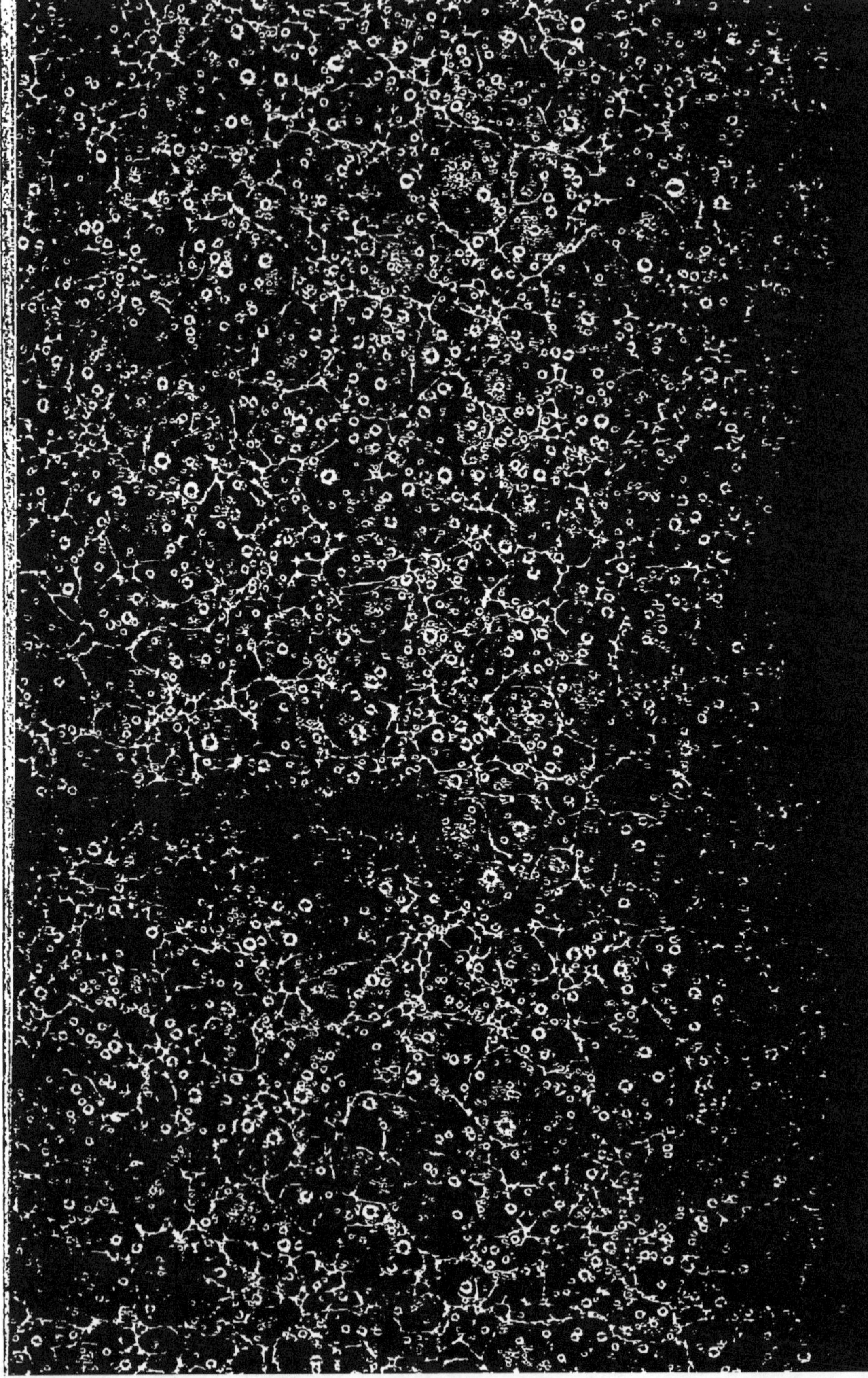

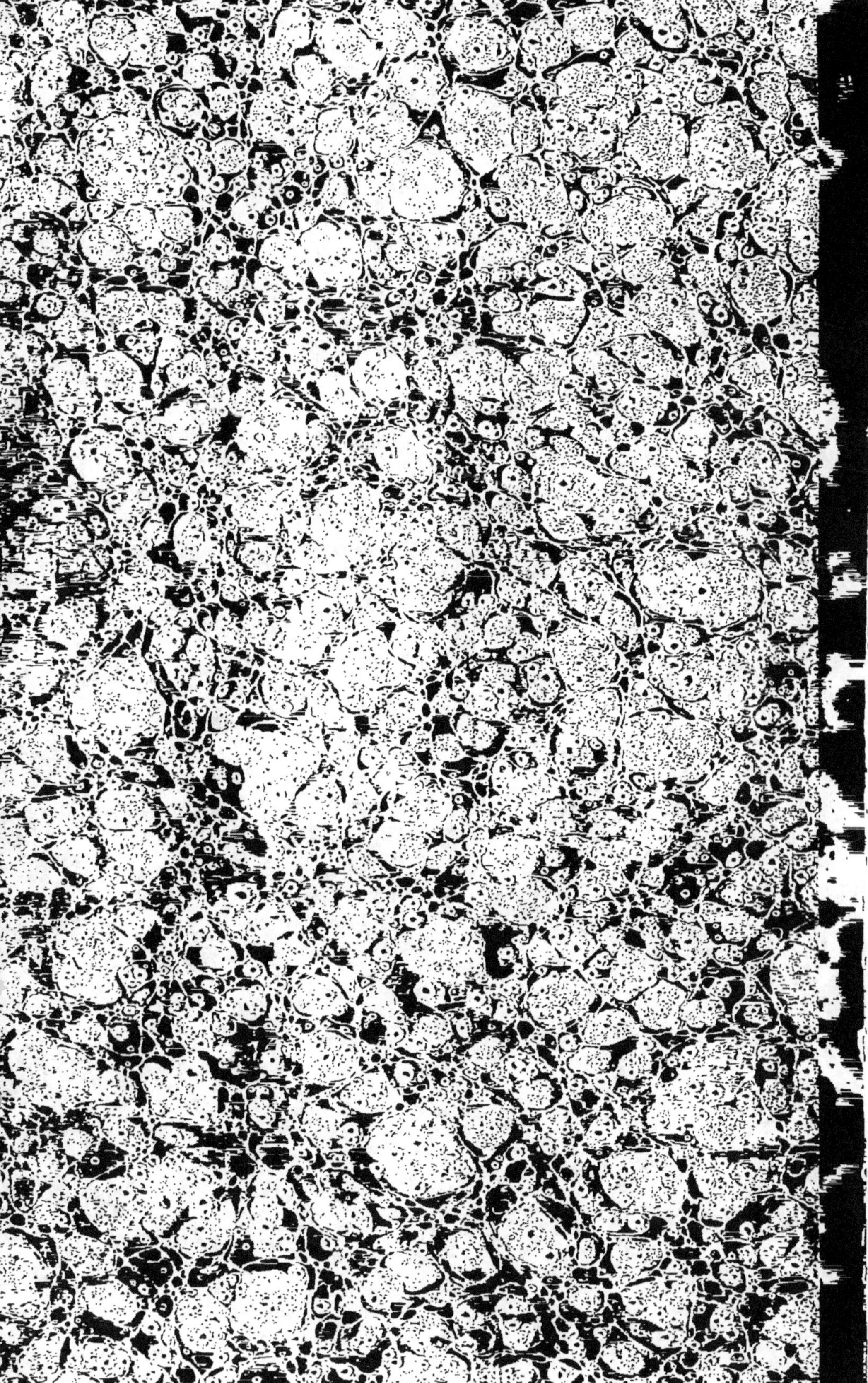

www.ingramcontent.com/pod-product-compliance
Lightning Source LLC
LaVergne TN
LVHW010541100826
845148LV00001B/263